A ALIANÇA

REID HOFFMAN | BEN CASNOCHA | CHRIS YEH

A ALIANÇA

Gerenciando Talentos na Era das Redes

ALTA BOOKS
E D I T O R A
Rio de Janeiro, 2022

A Aliança

Copyright © 2022 da Starlin Alta Editora e Consultoria Eireli.
ISBN: 978-65-5520-400-1

> Translated from original The Aliance. Copyright © 2014 Reid Hoffman, Ben Casnocha, and Chris Yeh. ISBN 978-1-62527-577-6.
> This translation is published and sold by permission of address Harvard Business Review Press, the owner of all rights to publish and sell the same. PORTUGUESE language edition published by Starlin Alta Editora e Consultoria Eireli, Copyright © 2022 by Starlin Alta Editora e Consultoria Eireli.

Impresso no Brasil — 1ª Edição, 2022 — Edição revisada conforme o Acordo Ortográfico da Língua Portuguesa de 2009.

Todos os direitos estão reservados e protegidos por Lei. Nenhuma parte deste livro, sem autorização prévia por escrito da editora, poderá ser reproduzida ou transmitida. A violação dos Direitos Autorais é crime estabelecido na Lei nº 9.610/98 e com punição de acordo com o artigo 184 do Código Penal.

A editora não se responsabiliza pelo conteúdo da obra, formulada exclusivamente pelo(s) autor(es).

Marcas Registradas: Todos os termos mencionados e reconhecidos como Marca Registrada e/ou Comercial são de responsabilidade de seus proprietários. A editora informa não estar associada a nenhum produto e/ou fornecedor apresentado no livro.

Erratas e arquivos de apoio: No site da editora relatamos, com a devida correção, qualquer erro encontrado em nossos livros, bem como disponibilizamos arquivos de apoio se aplicáveis à obra em questão.

Acesse o site www.altabooks.com.br e procure pelo título do livro desejado para ter acesso às erratas, aos arquivos de apoio e/ou a outros conteúdos aplicáveis à obra.

Suporte Técnico: A obra é comercializada na forma em que está, sem direito a suporte técnico ou orientação pessoal/exclusiva ao leitor.

A editora não se responsabiliza pela manutenção, atualização e idioma dos sites referidos pelos autores nesta obra.

Dados Internacionais de Catalogação na Publicação (CIP) de acordo com ISBD

H699a Hoffman, Reid
A Aliança: Gerenciando Talentos na Era das Redes / Reid Hoffman, Ben Casnocha, Chris Yeh ; traduzido por Vanessa Schreiner . - Rio de Janeiro : Alta Books, 2022.
192 p. ; 16m x 23cm.

Tradução de: The Aliance
Inclui índice e apêndice.
ISBN: 978-65-5520-400-1

1. Administração. 2. Gestão. 3. Talentos. I. Casnocha, Ben. II. Yeh, Chris. III. Schreiner, Vanessa. IV. Título.

2022-518
CDD 658.401
CDU 658.011.2

Elaborado por Vagner Rodolfo da Silva - CRB-8/9410

Índice para catálogo sistemático:
1. Administração : Gestão 658.401
2. Administração : Gestão 658.011.2

Produção Editorial
Editora Alta Books

Diretor Editorial
Anderson Vieira
anderson.vieira@altabooks.com.br

Editor
José Ruggeri
j.ruggeri@altabooks.com.br

Gerência Comercial
Claudio Lima
comercial@altabooks.com.br

Gerência Marketing
Andrea Guatiello
marketing@altabooks.com.br

Coordenação Comercial
Thiago Biaggi

Coordenação de Eventos
Viviane Paiva
eventos@altabooks.com.br

Coordenação ADM/Finc.
Solange Souza

Direitos Autorais
Raquel Porto
rights@altabooks.com.br

Assistente Editorial
Caroline David

Produtores Editoriais
Illysabelle Trajano
Larissa Lima
Maria de Lourdes Borges
Paulo Gomes
Thales Silva
Thiê Alves

Equipe Comercial
Adriana Baricelli
Daiana Costa
Fillipe Amorim
Kaique Luiz
Maira Conceição
Victor Hugo Morais

Equipe Editorial
Beatriz de Assis
Brenda Rodrigues
Gabriela Paiva
Henrique Waldez
Marcelli Ferreira
Mariana Portugal

Marketing Editorial
Jessica Nogueira
Livia Carvalho
Marcelo Santos
Thiago Brito

Atuaram na edição desta obra:

Tradução
Vanessa Schreiner

Copidesque
Vivian Sbravatti

Revisão Gramatical
Alberto Gassul
Aline Vieira

Diagramação
Daniel Vargas

Capa
Rita Motta

Editora afiliada à: ASSOCIADO

Rua Viúva Cláudio, 291 — Bairro Industrial do Jacaré
CEP: 20.970-031 — Rio de Janeiro (RJ)
Tels.: (21) 3278-8069 / 3278-8419
www.altabooks.com.br — altabooks@altabooks.com.br
Ouvidoria: ouvidoria@altabooks.com.br

Reid
Para Jeff Weiner, que tem sido um parceiro incrível no LinkedIn e foi um grande aliado no desenvolvimento deste livro.

Ben
Para Brad e Amy Feld, por acreditarem em mim.

Chris
Para meus pais, Grace e Milton, e minha tia Janie, que sempre acreditaram que eu escreveria um livro.

Agradecimentos

Agradecemos às nossas famílias por seu apoio e paciência ao longo de todas as noites e os fins de semana — Michelle, Jessie, Alisha (e Jason e Marissa). Obrigado a Tim Sullivan e seus colegas da Harvard Business Review Press por ajudar a dar vida a este projeto, e a Justin Fox, da HBR, por nos encorajar a publicar *Tours of Duty*. Agradecemos por ter Lisa DiMona, Brett Bolkowy, Saida Sapieva, Yee Harrison e Ian Alas em nossa equipe, que deram suporte organizacional e editorial fundamental.

Jeff Weiner foi um parceiro importante no desenvolvimento das ideias sobre o período de trabalho. Deep Nishar, Pat Wadors, Mike Gamson, Kevin Scott, Nick Besbeas, Kelly Palmer e Dan Shapero no LinkedIn, com seus comentários e exemplos, deixaram o livro muito melhor.

John Donahoe, Eric Schmidt, Ken Chenault, Aneel Bhusri, John Lilly, Rich Lesser, Brad Smith, Reed Hastings, Linda Rottenberg, Russ Hagey, Niall FitzGerald e Muhtar Kent também ofereceram comentários valiosos.

Como sempre, com todos esses ótimos comentários e todo o suporte que recebemos, somos responsáveis por quaisquer erros que forem encontrados neste livro.

Sobre os Autores

REID HOFFMAN é presidente-executivo do LinkedIn Corporation e sócio da Greylock Partners. Em 2003, ele fundou o LinkedIn, o maior serviço de rede profissional do mundo, em sua sala de estar, em Mountain View, na Califórnia. Atualmente, o LinkedIn tem mais de 300 milhões de membros em 200 países e territórios ao redor do mundo. Em 2009, Reid ingressou na Greylock Partners, uma empresa líder em capital de risco do Vale do Silício. Seus investimentos incluem Airbnb, Facebook, Flickr e Zynga. Ele atua em diversos conselhos com ou sem fins lucrativos, incluindo Kiva.org e Endeavor.

Reid tem mestrado em Filosofia pela Universidade de Oxford e um diploma de bacharel, com distinção, pela Universidade de Stanford.

BEN CASNOCHA é empresário e autor premiado do Vale do Silício. Ele é coautor de Reid Hoffman no livro *Comece por você: adapte-se ao futuro, invista em você e transforme sua carreira*, número 1 do *New York Times*. Ben passou dois anos como chefe de equipe de Reid no LinkedIn e na Greylock Partners.

Ben é o fundador da Comcate, Inc., uma empresa líder em software de governo eletrônico. O PoliticsOnline o nomeou uma das "25 pessoas mais influentes do mundo da internet e da política". A *Businessweek* o nomeou "um dos principais jovens empreendedores dos Estados Unidos".

Ben dá muitas palestras sobre gestão de talentos e inovação. Ele já palestrou para centenas de empresas e associações em mais de uma dúzia de países.

CHRIS YEH é vice-presidente de marketing da PBworks, cofundador e sócio-geral da Wasabi Ventures, e trabalha com startups de alta tecnologia desde 1995.

Conforme descrito no livro *Comece por você*, a declaração de missão de Chris é "Ajudar pessoas interessantes a fazer coisas interessantes". Ele escreve em blogs desde 2001, tanto em blogs pessoais quanto como autor convidado de empresas como TechCrunch, Mashable e VentureBeat. Ele escreveu mais de 2 mil posts sobre tópicos que vão da psicologia do empreendedorismo à conquista da felicidade no Vale do Silício.

Chris tem dois diplomas de bacharel, com distinção, pela Universidade de Stanford (Engenharia de Design de Produto e Redação Criativa) e um MBA pela Harvard Business School, onde foi nomeado Baker Scholar[1].

---

1 Uma designação de honra acadêmica concedida aos 5% dos principais alunos que se formam na Harvard Business School. [N. da T.]

Sumário

1. EMPREGO NA ERA DAS REDES   1

     A Aliança   7

     Passando de Família a Equipe   9

     Obtendo Valor de um Talento Empreendedor   11

     Ter Coragem para Conduzir Conversas Francas   17

2. PERÍODOS DE TRABALHO   21

     Construindo Confiança por meio de Conversas Francas   26

     Diferentes Tipos de Período   28

     Harmonizando Períodos de Trabalho   35

     Uma Estrutura Amplamente Aplicável   40

     Alianças de Longo Prazo   44

     Na Prática: Como o LinkedIn Utiliza os
Períodos de Trabalho   46

3. CRIANDO ALINHAMENTO EM UM PERÍODO DE TRABALHO   55

     Alinhamento para os Diferentes Tipos de
Períodos de Trabalho   58

     Na Teoria: Como o LinkedIn Constrói Alinhamento   65

     Como Conduzir uma Conversa   68

**4. IMPLEMENTANDO PERÍODOS DE TRABALHO
TRANSFORMADORES**   73

     1. Inicie a Conversa e Defina a Missão   74

     2. Configure um Sistema de Pontos de Verificação Regulares
para Ambas as Partes Trocarem Feedbacks Entre Si   78

     3. Antes do Encerramento do Período de Trabalho,
Comece a Definir o Período Seguinte   79

XII A ALIANÇA

4. Gerencie Esperando o Inesperado: Quando Ocorre
uma Mudança no Meio de um Período   83

Como Conduzir uma Conversa   87

5. INTELIGÊNCIA DE REDE DO FUNCIONÁRIO   93

A Inteligência de Rede Gera Dados Ocultos,
Serendipidade e Oportunidades   98

6. IMPLEMENTANDO PROGRAMAS DE REDE DE INTELIGÊNCIA   103

1. Recrute Pessoas Conectadas   104

2. Ensine aos Funcionários como Extrair Inteligência de suas
Redes por meio de Conversas e Mídias Sociais   105

3. Implemente Programas e Políticas que Ajudem os
Funcionários a Criar suas Redes Individuais   108

4. Faça com que os Funcionários Compartilhem
com a Empresa o que Aprendem   113

Na Prática: Como o LinkedIn Utiliza a
Inteligência de Rede   114

Como Conduzir uma Conversa   116

7. REDES CORPORATIVAS DE EX-FUNCIONÁRIOS   119

A Questão Central é o ROI   122

Quatro Razões para Investir em uma
Rede de Ex-funcionários   124

Três Níveis de Investimento em Redes de Ex-funcionários   128

Na Prática: A Rede Corporativa de Ex-funcionários
do LinkedIn   131

8. IMPLEMENTANDO UMA REDE DE EX-FUNCIONÁRIOS   135

1. Decida Quem Você Quer Incluir em sua
Rede de Ex-funcionários   135

2. Defina Claramente as Expectativas e os
Benefícios do Relacionamento   137

3. Estabeleça um Processo Abrangente de Saída   139

4. Crie Vínculos entre os Funcionários
   Atuais e os Ex-Funcionários   140

   Como Conduzir uma Conversa   142

CONCLUSÃO   145
MODELO DE DECLARAÇÃO DE ALIANÇA   149
   Preâmbulo   150

   Artigo 1: Seu Período de Trabalho   151

   Artigo 2: Alinhamento   152

   Artigo 3: Inteligência de Rede   153

   Artigo 4: A Rede de Ex-funcionários   155

EXERCÍCIO DE ALINHAMENTO DA MISSÃO:
   PESSOAS QUE ADMIRAMOS   157
FUNDANDO SUA PRÓPRIA EMPRESA   163

NOTAS   165
ÍNDICE   171

A
ALIANÇA

1

Emprego na Era das Redes

Reconstruindo a Confiança e a Lealdade por meio de uma Aliança

Imagine-se em seu primeiro dia de trabalho em uma nova empresa. Sua gerente o cumprimenta com um entusiasmo cordial, lhe dá as boas-vindas à "família" e expressa a esperança de que você permaneça na empresa por muitos anos. Depois, ela o encaminha ao departamento de RH, que o mantém em uma sala de conferências durante trinta minutos, para lhe explicar que está em um período de experiência de noventa dias e que, mesmo após esse período, você terá um emprego "sem vínculos". "A qualquer momento, pode ser demitido. Por qualquer motivo, pode ser demitido. Mesmo que seu chefe não tenha nenhum motivo, você pode ser demitido."

2 A ALIANÇA

Você acabou de experienciar a total desconexão existente no emprego moderno: a relação entre empregador e empregado é baseada em uma conversa desonesta.

Atualmente, poucas empresas oferecem emprego com garantias reais; os funcionários geralmente consideram essas garantias ingênuas, falsas ou ambas as coisas. Em contrapartida, os empregadores falam em retenção e estabilidade de forma confusa: o objetivo é reter "bons" funcionários por um prazo... indefinido. Essa imprecisão, na verdade, destrói a confiança — ou seja, a empresa pede aos funcionários que se comprometam com ela sem se comprometer com eles em troca.

Muitos desses funcionários acabam ficando de olho em outras organizações e mudam de emprego sempre que aparece uma nova oportunidade, independentemente de quão leais eles prometeram ser durante o processo de recrutamento ou nas avaliações anuais.

Ambos, empregados e empregadores, agem de uma maneira que contradiz descaradamente seu verdadeiro posicionamento. E, graças a esse autoengano recíproco, não existe uma relação de confiança. Não é de surpreender que nenhum dos lados lucre tanto quanto poderia com esse relacionamento. Os empregadores continuam perdendo pessoas talentosas, e os funcionários não investem muito na função atual porque estão constantemente analisando o mercado em busca de novas oportunidades.

Quanto aos gerentes, ficam presos no meio disso. Preferem se abster de reconhecer o problema, que dirá resolvê-lo. Em vez de pensarem em como facilitar o crescimento de seus funcionários de maneiras prospectivas, eles se preocupam em manter suas equipes intactas por tempo suficiente, para concluir seus principais projetos. Ninguém quer arriscar ser deixado de lado, por isso ninguém investe em um relacionamento de longo prazo.

Empregadores, gerentes e funcionários precisam de uma nova estrutura de relacionamento na qual façam promessas uns aos outros que realmente possam cumprir. É o que pretendemos fornecer neste livro. E achamos que isso ajudará a construir empresas de sucesso e carreiras poderosas.

O antigo modelo de emprego se ajustava bem na era da estabilidade. Em tempos estáveis, as empresas cresciam, alavancavam economias de escala e aprimoravam processos. Esses titãs ofereciam um acordo implícito a seus trabalhadores: *Fornecemos emprego por toda a vida em troca de um serviço leal.* "Maximizar a segurança dos funcionários é o principal objetivo da empresa", escreveu em 1962 Earl Willis, gerente da General Electric responsável pelos benefícios aos funcionários.[1] Nessa época, as carreiras eram consideradas quase tão estáveis quanto um casamento. Empregadores e empregados comprometiam-se uns com os outros, tanto para o bem quanto para o mal, por meio da alta e da baixa dos mercados, até chegar à aposentadoria, que os separava. Para os profissionais do escritório, a escalada na carreira era como andar de escada

4 A ALIANÇA

rolante: havia certa previsibilidade de progressão para aqueles que seguiam as regras. Como os dois lados esperavam que o relacionamento fosse estável, ambos estavam dispostos a investir nele e no outro.

Então o mundo mudou, filosófica e tecnologicamente. A ascensão do capitalismo de acionistas* levou empresas e gerentes a se concentrarem em atingir a meta financeira de curto prazo para aumentar os preços das ações. O investimento de longo prazo recuou para medidas de redução de custos de curto prazo, como se fosse um "redimensionamento" — ou, melhor dizendo, a *demissão de pessoas*. Ao mesmo tempo, o desenvolvimento do microchip deu início à Era da Informação, que provocou uma revolução nas comunicações e a globalização dos negócios. Empresas como as "Três Grandes" montadoras norte-americanas (General Motors, Ford e Chrysler) estavam competindo com concorrentes menores e famintas.

O resultado disso foram mudanças rápidas e imprevisíveis, acabando com a estabilidade das décadas de 1950 e 1960. Empresas outrora robustas começaram a ser derrubadas rapidamente do índice de ações da S&P 500.[2] A adaptabilidade e o empreendedorismo tornaram-se essenciais para alcançar e sustentar o sucesso nos negócios, cuja importância aumentava à medida que o vasto uso de computadores e softwares impunha a Lei de Moore em todos os setores da economia. Atualmente, qualquer pessoa com uma conexão à internet tem o poder de se conectar com bilhões de outras pessoas ao redor do mundo. Nunca antes na história da humanidade

---

* Stakeholder capitalism, no original. [N. da E.]

houve tantas pessoas conectadas por meio de inúmeras redes de comunicação.

O modelo tradicional do emprego vitalício, mais adequado para períodos de estabilidade relativa, é muito rígido para a atual era das redes. Poucas empresas norte-americanas ainda conseguem fornecer uma progressão de carreira tradicional a seus funcionários; o modelo está se modificando em graus variados no mundo todo.

Para lidar com essas pressões competitivas, muitas empresas — provavelmente a maioria delas — procuraram se tornar mais flexíveis ao reduzirem o relacionamento entre empregador e empregado, ao que está explicitado de forma clara em um contrato legal e vinculativo. Essa abordagem legalista refere-se a empregados e empregos como mercadorias de curto prazo. Precisa cortar custos? Demita funcionários. Precisa de novas funções? Não treine seu pessoal — contrate pessoas novas. "Os funcionários são nosso recurso mais valioso", insistem algumas empresas. No entanto, quando Wall Street quer cortar gastos, seu "recurso mais valioso" de repente se transforma em seu recurso mais descartável.

Na década de 1980, uma pesquisa do Conference Board constatou que 56% dos executivos acreditavam que "funcionários leais à empresa e que ultrapassam as metas do negócio mereciam uma garantia de continuidade no emprego. Somente uma década mais tarde, esse número havia caído para 6%.[3] Você se lembra do foco da GE em maximizar a segurança de seus funcionários? Nos anos 1990, o CEO da GE,

6 A ALIANÇA

Jack Welch, foi citado ao dizer: "Lealdade a uma empresa? Não faz sentido."[4]

Na era do emprego "sem vínculos", os funcionários foram incentivados a pensar em si mesmos como "autônomos", buscando as melhores oportunidades de crescimento e mudanças de emprego sempre que melhores ofertas aparecessem. O Towers Watson 2012 Global Worforce Study[**], constatou que, embora cerca de metade dos funcionários quisesse permanecer em seu empregador atual, a maioria achava que teria que aceitar o emprego em uma empresa diferente para progredir na carreira.[5]

A expressão "são apenas negócios" tornou-se a filosofia dominante. A lealdade está escassa, os laços de longo prazo estão ainda mais escassos; ao mesmo tempo, há muita desilusão por aí.

Assim, gerentes e funcionários acabam se encarando na confraternização de boas-vindas à empresa sabendo que o relacionamento deles se baseia em um mútuo autoengano e sentindo-se incapazes de fazer qualquer coisa a respeito disso.

Por mais que as empresas anseiem por oferecer um ambiente estável e que os funcionários, por sua vez, anseiem por ter um emprego vitalício, o mundo mudou de forma irreversível. Mas também não é possível continuar do jeito que estamos. A confiança no mundo dos negócios (medida pela proporção de funcionários que afirmam ter um "alto nível de confiança na gerência e na organização para a qual trabalham")

[**] Estudo Global da Força de Trabalho de 2012 da Towers Watson, em tradução livre. [N. da T.]

está praticamente no nível mais baixo de todos os tempos.[6] Uma empresa sem lealdade é uma empresa sem pensamento de longo prazo. Uma empresa sem pensamento de longo prazo é uma empresa sem capacidade de investir no futuro. E uma empresa que não investe em oportunidades e tecnologias do futuro — bem, é uma empresa que já está fadada a desaparecer.

A Aliança

Se não podemos voltar à era do emprego vitalício e se o *status quo* é insustentável, é hora de reconstruir a relação entre empregador e empregado. O mundo dos negócios precisa de uma nova estrutura de emprego que facilite a confiança, o investimento e o benefício mútuos. Uma estrutura ideal incentiva os funcionários a desenvolverem a própria rede de contatos e a agirem de maneira mais empreendedora, sem se tornarem mercenários que trocam de emprego como trocam de roupa. Ela permite que as empresas sejam dinâmicas e exigentes, porém sem tratar os funcionários como recursos descartáveis.

O livro *A Aliança* estabelece, para as empresas e também para seus funcionários, um caminho a seguir. Não podemos restaurar o antigo modelo de emprego vitalício, mas *podemos* criar um novo tipo de lealdade, que reconheça as realidades econômicas e permita que empresas e funcionários se comprometam. O objetivo deste livro é fornecer uma estrutura para que consigamos alternar a abordagem, de transacional para relacional. Pense no emprego como uma aliança: um acordo mutuamente benéfico entre atores independentes e com termos explícitos. Essa aliança com o emprego fornece a estrutura de que o gerente e o funcionário precisam para confiar um no outro e para investir na construção de empresas e carreiras poderosas.

Em uma aliança, o relacionamento entre empregador e empregado é desenvolvido com base no que é possível fazer para agregar valor um ao outro. Os empregadores precisam dizer a seus funcionários: "Ajude-nos a tornar nossa empresa mais valiosa; assim, nós poderemos tornar *você* mais valioso." Como Russ Hagey, diretor de talentos da Bain & Company, diz a recrutadores e consultores: "Vamos tornar você mais comercializável [no mercado de trabalho em geral]."

Os funcionários precisam dizer a seus chefes: "Ajude-me a crescer e prosperar, e eu ajudarei a empresa a crescer e prosperar." Eles investem no sucesso da empresa, e a empresa investe no valor de mercado dos funcionários. Ao construir uma aliança de benefícios mútuos, em vez de simplesmente trocar dinheiro por tempo, ambos, empregador e empregado, podem investir no relacionamento e assumir os riscos necessários a fim de buscar recompensas maiores.

Diversos líderes e executivos de RH ficam frustrados, por exemplo, quando investem uma quantia considerável de dinheiro em programas de treinamento e desenvolvimento e, alguns meses depois, veem os funcionários saírem da empresa. Se você enxerga seus funcionários como autônomos, a solução natural é reduzir os custos em treinamento de pessoal. Qual é o motivo de treinar um futuro contratado de um concorrente?

Em uma aliança, o gerente pode falar aberta e honestamente a respeito do investimento que a empresa está disposta a fazer no funcionário e o que ela espera em troca. O funcionário também pode falar aberta e honestamente a respeito do que ele almeja adquirir em sua nova função (habilidades, experiências e coisas semelhantes) e o que fará pela empresa em troca disso, por meio de seu esforço e compromisso. Ambos os lados estabelecem uma expectativa clara.

Quando uma empresa e seus gerentes e funcionários adotam esse tipo de abordagem, todas as partes podem se concentrar em maximizar os benefícios em médio e longo prazo, criando espaço para todos em busca de mais inovação, resiliência e adaptabilidade para a empresa.

Passando de Família a Equipe

Em uma famosa apresentação sobre a cultura de sua empresa, Reed Hastings, CEO da Netflix, declarou: "Somos uma equipe, não uma família."[7] Ele passou, então, a aconselhar os gerentes a se perguntarem: "Que pessoa de minha equipe eu lutaria muito para manter na empresa se me dissesse que estava saindo da Netflix para realizar um trabalho semelhante em uma empresa parceira? Todo o restante da equipe deve receber uma rescisão generosa, a fim de que possamos abrir uma vaga para tentar encontrar alguém talentoso para ocupar esse papel."

10 A ALIANÇA

Acreditamos que a maioria dos CEOs tem boas intenções quando descreve sua empresa como "uma família". Geralmente, eles procuram um modelo que represente o tipo de relacionamento que desejam ter com seus funcionários — um relacionamento vitalício com um sentimento de pertencimento. Mas usar o termo *família* apenas facilita o surgimento de mal-entendidos.

Em uma família de verdade, os pais não podem demitir seus filhos. Imagine repudiar uma criança por um mau desempenho. "Sentimos muito, Susie, mas sua mãe e eu decidimos que você não é uma boa opção para nós. Suas habilidades em organizar mesas não oferecem a experiência excepcional de atendimento ao cliente pela qual somos conhecidos. Teremos que dispensá-la. Mas não entenda mal; somos uma família." Impossível imaginar essa cena, certo? Mas é basicamente o que acontece quando um CEO descreve a empresa como uma família e demite pessoas. Independentemente do que a lei diz sobre o emprego sem vínculos, esses funcionários se sentirão magoados e traídos — com uma boa justificativa.

Por outro lado, uma equipe de profissionais do esporte tem uma missão específica (vencer jogos e campeonatos), e seus membros se reúnem para cumprir essa missão. A composição da equipe muda com o tempo — seja pelo motivo de um membro escolher ir para outra equipe, ou porque a gerência da equipe é que decide cortar ou trocar um membro do time. Nesse sentido, uma empresa se parece muito mais com um time de esportes do que com uma família.

No entanto, embora uma equipe esportiva profissional não se caracterize como um emprego vitalício, os princípios de confiança, investimento e benefício mútuos ainda se aplicam. As equipes vencem quando cada um de seus membros confia uns nos outros o suficiente para priorizar o sucesso da equipe em detrimento da glória individual; paradoxalmente, vencer em equipe é a melhor maneira de fazer com que seus membros alcancem o sucesso individual. Os membros de uma equipe vencedora são muito procurados por outras equipes, tanto por suas habilidades como por sua capacidade de ajudar uma nova equipe a desenvolver uma cultura vencedora.

A ideia de uma equipe esportiva define como *trabalhamos* juntos e para qual propósito; no entanto, a ideia de uma família ainda tem relevância, pois define como *tratamos* uns aos outros — com compaixão, apreciação e respeito. (Um benefício de estabelecer uma rede corporativa de ex-funcionários, por exemplo, é como ela permite que empregadores e empregados se relacionem como uma família, mesmo depois de não conviverem mais sob o mesmo teto. Falaremos mais sobre isso nos capítulos 7 e 8.)

Obtendo Valor de um Talento Empreendedor

Nós, os três autores deste livro, viemos de um ambiente de negócios em que a aliança de emprego já está enraizada — a comunidade de startups de alta tecnologia do Vale do Silício. É o melhor lugar do mundo para adaptação e inovação, comprovado por seu crescimento econômico na última década. Se você deseja que sua empresa seja capaz de sobreviver e prosperar em um ambiente em que a mudança é rápida e atrapalha a inovação, é necessário desenvolver a adaptabilidade, marca registrada desse ecossistema.

É claro que nem todo setor funciona como o Vale do Silício e, também, nem todas as empresas já estabelecidas devem tentar adotar as estratégias das startups. A questão é *quais* ensinamentos do Vale do Silício podem ser aplicados às empresas em geral. A cobertura da mídia convencional do Vale do Silício tende a se concentrar em detalhes chamativos. Porém, atribuir o sucesso desse ecossistema a refeições de quatro estrelas em refeitórios, a mesas de pebolim ou até a opções de ações é como atribuir o poder de uma Ferrari à sua pintura vermelha brilhante.

O verdadeiro segredo do Vale do Silício é que tudo, na verdade, resume-se às pessoas. Claro que existem muitas histórias na mídia sobre os jovens gênios do setor; mas, surpreendentemente, há poucas histórias sobre suas práticas de gerenciamento. O que a grande mídia deixa passar é que o sucesso do Vale do Silício vem da maneira como suas empresas constroem alianças com seus funcionários. Nesse ambiente, o talento é realmente o recurso mais valioso, e os funcionários são tratados de acordo. As empresas mais bem-sucedidas do Vale do Silício alcançaram tal sucesso porque usam essa aliança para recrutar, gerenciar e reter uma equipe incrivelmente talentosa de funcionários empreendedores.

Os funcionários empreendedores têm o que John Donahoe, CEO do eBay, chama de *mentalidade de fundador*. Para ele, "as pessoas com mentalidade de fundador impulsionam a mudança, motivam as pessoas e simplesmente fazem as coisas acontecerem". Em nosso livro anterior, *Comece por você*[***], mostramos a profissionais individuais como desenvolver a mentalidade de fundador para qualquer tipo de carreira, inclusive para uma carreira em que se trabalha em uma ou duas empresas. Realmente, ter uma mentalidade de fundador não significa necessariamente fundar a própria empresa. Muitas pessoas com esse instinto ficam felizes por trabalhar em empresas como eBay ou LinkedIn — desde que essas empresas mantenham uma aliança de emprego que incentive seu comportamento empreendedor. Ter funcionários focados no início de sua carreira é uma coisa boa; afinal, aqueles que não sentem uma necessidade premente de investir agressivamente na própria carreira provavelmente não serão capazes de realizar ações rápidas e decisivas de que a empresa precisa para se adaptar e prosperar.

A mentalidade de fundador e a aliança necessária para incorporá-la à sua empresa nem sempre foram tão cruciais. Na velha economia — aquela com estabilidade — a eficiência era a principal virtude. Os empregadores atribuíam funções fixas a seus funcionários, para que eles pudessem se desenvolver em níveis de especialização cada vez mais altos. Mas, quando o mercado muda, a especialização geralmente deixa de ser um ativo e passa a ser um passivo, como no famoso caso do fabricante de chicotes para carroças. Na nova economia de

---

[***] Publicado no Brasil pela editora Alta Books. [N. da T.]

concorrência acirrada e de mudanças tecnológicas aceleradas, os mercados também se encontram em constante mudança.

Atualmente, *o pensamento e a ação empreendedores são as habilidades mais importantes que as empresas esperam de seus funcionários.* À medida que o ritmo competitivo aumenta, isso se torna cada vez mais crucial. Considere os efeitos causados por apenas alguns funcionários empreendedores em duas gigantes da inovação: Pixar e Amazon.

John Lasseter na Pixar

John Lasseter é o tipo de funcionário empreendedor que toda empresa inovadora deseja. Se você já assistiu aos filmes *Toy Story*, *Procurando Nemo* e *Monstros S.A.*, conhece bem o trabalho dele. Seus filmes arrecadaram mais de US$3,5 bilhões apenas nos Estados Unidos e, em média, mais de US$250 milhões nas bilheterias, fazendo da Pixar o estúdio de cinema mais bem-sucedido de todos os tempos.[8] O que a maioria das pessoas não sabe é que a Disney, seu empregador original, demitiu-o.

Lasseter começou sua carreira na Disney como um jovem designer de animação, na época em que a animação era criada com papel e caneta e, depois, convertida em filme. Um dia, um colega de trabalho lhe mostrou um vídeo de uma conferência local sobre uma tecnologia emergente de animação gerada por computador. Lasseter teve uma visão imediata — a Disney deveria criar um filme inteiro usando animação gerada por computador. Ele levou essa ideia até os gerentes. Eles ouviram atentamente seu discurso e o mandaram voltar à sua mesa. Poucos minutos depois, ele recebeu um telefonema do chefe do departamento de animação da Disney, informando-lhe que estava sendo demitido. A justificativa para a demissão: ele estava muito distraído com suas ideias malucas.

Assim como muitos outros com mentalidade de fundador, Lasseter não desistiu de seu sonho. Ele foi trabalhar na Lucasfilm, de George Lucas, e passou a estudar a animação por computador como membro da divisão de computadores de Ed Catmull. Alguns anos mais tarde, Lucas vendeu a divisão, que não era lucrativa, para Steve Jobs, que deu o nome de Pixar à empresa resultante. E em 1995, a Pixar fez parceria com a Disney para lançar o primeiro longa-metragem de animação por computador do mundo, *Toy Story*.

Em 2006, 11 anos após o lançamento de *Toy Story* e 23 anos após a demissão de Lasseter, a Disney percebeu que havia cometido um erro ao rejeitar sua ideia de fazer animação por computador e acabou trazendo-o de volta à empresa. Mas isso lhes custaria muito — a Walt Disney Company comprou a Pixar por mais de US$7 bilhões. E foi assim que Lasseter voltou à Disney como diretor de criação da Walt Disney Animation Studios.[9]

A gerência da Disney contratou um talento empreendedor como Lasseter, mas o tratou como uma mercadoria em vez de um aliado e, nesse processo, perdeu a chance de desenvolver um negócio multibilionário. Lasseter ficaria feliz em desenvolver esse grande negócio na Disney, mas seus gerentes não permitiram que ele o fizesse.

Benjamin Black e a Amazon Web Services

A Amazon não cometeu o mesmo erro que a Disney. Recentemente, usou os princípios da aliança para gerar um novo negócio multibilionário. A empresa se tornou líder no mercado da computação em nuvem graças à Amazon Web Services (AWS), que permite que as empresas aluguem armazenamento em nuvem e poder de processamento, em vez de comprarem e trabalharem nos próprios servidores. As empresas, que variam de gigantes listadas na *Fortune* 500 a startups com "equipes" de apenas uma pessoa, administram seus negócios na AWS. O que a maioria das pessoas não sabe é que a ideia da plataforma AWS não foi do famoso fundador e CEO empreendedor da Amazon, Jeff Bezos, nem mesmo de um membro de sua equipe executiva, mas de um funcionário "comum".

Em 2003, Benjamin Black, gerente de engenharia de sites, escreveu um pequeno artigo em que descreveu um insight da infraestrutura da Amazon e sugeriu a venda de servidores virtuais como um serviço.[10] Ele percebeu que a Amazon poderia reaproveitar a capacidade operacional que fazia dela uma grande varejista para atender ao mercado de computação em geral. Black e seu gerente, Chris Pinkham, mostraram a Bezos o conceito e, depois de algumas iterações, ele colocou Pinkham no comando de um projeto para desenvolver o que se tornaria a AWS. Quando o conselho da Amazon questionou se a empresa deveria lidar com algo tão distante do varejo online, Bezos defendeu a ideia e a levou adiante. Lançada em 2006, a AWS aumentou a receita da Amazon em US$3,8 bilhões em 2013.[11]

Ao contrário do que fizeram os chefes de John Lasseter na Disney, Bezos se manteve aberto às contribuições empreendedoras dos funcionários individuais da Amazon — mesmo quando essas ideias estavam fora do que Wall Street (e até o próprio conselho de administração da Amazon) considerava o principal negócio da empresa. A AWS representa exatamente o tipo de criação de valor que qualquer CEO ou acionista espera de seus funcionários. Quer que eles tenham ideias multibilionárias enquanto trabalham? Então, você precisa atrair profissionais com mentalidade de fundador e, assim, aproveitar seus impulsos empreendedores para fazer sua empresa crescer. Como o CEO da Intuit, Brad Smith, certa vez nos disse: "O trabalho de um líder não é inserir grandeza nas pessoas, mas reconhecer que ela já existe e criar o ambiente para que essa grandeza possa emergir delas e fazê-las crescer."

Ter Coragem para Conduzir Conversas Francas

Escrevemos este livro para compartilhar nossa visão de como o relacionamento entre empregador e empregado deve funcionar. Nosso conceito de aliança representa um afastamento, potencialmente controverso, da abordagem padrão da gestão corporativa. Você pode não concordar com tudo o que vamos dizer, mas, se considera uma prioridade recrutar, gerenciar e

18 A ALIANÇA

reter o talento de que as organizações da atualidade precisam para se adaptar e prosperar, este livro lhe oferecerá uma estrutura e conselhos práticos, como também um modelo detalhado de uma declaração de aliança no apêndice. Abordaremos questões como:

- Como construir confiança e lealdade com os funcionários se não posso garantir um emprego vitalício?

- Como a aliança se aplica a diferentes tipos de funcionários e cargos?

- Como posso construir um relacionamento com os funcionários empreendedores quando nossos valores e objetivos finais diferem entre si?

- Que tipo de redes e criação de marca e de persona devo permitir que os funcionários façam no local de trabalho?

- Como posso administrar uma rede corporativa eficaz de ex-funcionários com tempo e recursos limitados?

A adoção da aliança de emprego vem do esforço do CEO em realizar um empreendimento que beneficiará toda a empresa. Os CEOs ou executivos seniores se depararão com opiniões sobre como a empresa deve considerar essas ideias. Alguns conselhos, como estabelecer uma rede corporativa de ex-funcionários, são mais bem executados com o apoio da equipe executiva do CEO.

Ao mesmo tempo, reconhecemos que as pessoas que têm a responsabilidade primária de colocar a aliança em prática são, de fato, os gerentes. Se você é gerente, terá à disposição ferramentas que o ajudarão a implementar a aliança de emprego e a transformar seu departamento ou sua equipe.

Se você é funcionário, este livro o ajudará a entender de que forma pode se comprometer e o que esperar da aliança que negociará com seu gerente. (Para obter conselhos mais diretos sobre como transformar uma carreira individual usando princípios empreendedores, consulte nosso livro anterior, *Comece por você*.)

O livro *A Aliança* não é apenas um conjunto de argumentos para comprovar que precisamos aprender uma nova maneira de fazer negócios. É um plano de como realmente fazer isso. É uma maneira de investir no futuro em longo prazo sem sacrificar a adaptabilidade. Essa aliança torna os funcionários mais valiosos, flexíveis e habilidosos. E fornece aos gerentes ferramentas e orientações para trabalhar melhor com seus subordinados diretos, além de ensinar as empresas a incentivarem e a reterem efetivamente os funcionários empreendedores.

2

Períodos de Trabalho

Organizando a Aliança

Sabe como David Hahn passou de um garoto comum de 23 anos, sem experiência em negócios, a um dos executivos mais cobiçados do Vale do Silício? Foi a maneira sem igual como ele estruturou seus nove anos de trabalho no LinkedIn. Ao assumir mais de quatro "períodos de trabalho" diferentes, Hahn transformou a empresa e sua carreira.

Seu primeiro período de trabalho foi como analista de negócios júnior; e seu último foi como vice-presidente, administrando todos os produtos de monetização do LinkedIn. Em todas as funções por que passou, cada uma sob uma gerência diferente, ele definia um objetivo que levava a benefícios em longo prazo para ele e para a empresa. Para a empresa, ele conseguiu adquirir dezenas de produtos importantes sob sua

22   A ALIANÇA

administração. Para si mesmo como funcionário, conseguiu a experiência administrativa necessária para cumprir seu objetivo de longo prazo: tornar-se um idealizador de empresas de sucesso (discutiremos os valores e os anseios de Hahn em maiores detalhes no Capítulo 3).

Como gerente do LinkedIn, Hahn também foi bastante claro com os membros de sua equipe sobre como seriam seus períodos de trabalho, incentivando-os a mudarem de função dentro do LinkedIn, para que pudessem adquirir experiência operacional em diversas áreas. Hahn os incentivou, mesmo sabendo que muitos eram perfeitamente felizes em suas funções. Ele achou que era seu dever ajudá-los a crescer. Essa aparente contradição — alternar funções regularmente em um contexto de relacionamento de longo prazo — é a essência da estrutura dos períodos de trabalho.

A expressão *período de trabalho* pode ser comparada à palavra "missão", usada pelas forças armadas para se referir a uma atribuição ou à implantação de uma tarefa específica. Normalmente, os soldados cumprem diversas missões ao longo da carreira militar, da mesma forma que os funcionários assumem diversos projetos ou iniciativas diferentes ao longo do trabalho em determinada empresa e também de suas carreiras.

É claro que essa comparação é superficial — é difícil e indiscutivelmente imprudente administrar um negócio como se fosse uma unidade militar, especialmente no mundo atual. Você provavelmente não tem a mesma autoridade e as mesmas ferramentas de um oficial comandante. Quando um funcionário decide deixar sua empresa, por exemplo, pode ser que ganhe uma festa de despedida. Já quando um soldado deixa sua unidade sem permissão, ele é desertado e passa por uma corte marcial (e provavelmente é condenado a muitos anos em uma prisão militar). A maioria das empresas também não oferece segurança no trabalho e a segurança social das forças armadas dos EUA. No entanto, essa metáfora transmite o conceito-chave que os períodos de serviço militar e os períodos de trabalho em negócios têm em comum: foco no cumprimento de uma missão específica de forma honrosa e com prazo delimitado.

No contexto da aliança, a atribuição de um período de trabalho representa um compromisso ético do empregador e do empregado com uma missão específica. Enxergamos essa abordagem como uma maneira de incorporar algumas das vantagens tanto do emprego vitalício quanto da prestação de serviços. No emprego vitalício, os períodos de trabalho permitem que empregadores e empregados construam confiança e investimento bilaterais; na prestação de serviços, por sua vez, preservam a flexibilidade de que empregadores e empregados precisam para se adaptarem a um mundo que muda rapidamente.

Essa abordagem pode aliviar a pressão sobre você e seus funcionários, pois gera um pouco mais de confiança. Todos se comprometem com etapas menores e, como em qualquer relacionamento significativo, os laços se aprofundam à medida que ambos provam sua capacidade um para o outro.

24 A ALIANÇA

Definir um período de trabalho é uma maneira de coreografar os compromissos progressivos que formam a aliança.

Ao reformular as carreiras como uma série de períodos de trabalho sucessivos em sua empresa, você pode melhor atrair e reter os funcionários empreendedores. Ao recrutar os melhores talentos e definir um período de trabalho específico para eles, com benefícios específicos e resultados de sucesso, você vai além de promessas vagas como "você terá uma experiência valiosa". Ao definir um período de trabalho atraente, você indica ao funcionário um caminho concreto para aprimorar sua marca *pessoal* — enquanto trabalha na empresa, e se ou quando ele trabalhar em outro lugar —, como fazer parte de uma missão específica, adquirir habilidades reais, construir novos relacionamentos, e assim por diante.

Quando Reid fundou o LinkedIn, por exemplo, ele ofereceu um acordo claro aos funcionários talentosos. Se eles assumissem uma função por um período de dois a quatro anos e realizassem uma importante contribuição para seu novo negócio, Reid e a empresa os ajudariam a progredir em suas carreiras, de preferência por meio de outro período dentro do LinkedIn. Essa abordagem funcionou: a empresa contratou funcionários que trabalharam arduamente para alcançar resultados tangíveis para o LinkedIn, e que seriam também defensores e um recurso para a empresa, caso decidissem sair após terem realizado um ou mais períodos de trabalho. E esses funcionários, por sua vez, transformaram sua carreira ao aprimorar suas habilidades e adquirir mais experiência.

Alguns dos gerentes com quem conversamos para escrever este livro se preocupavam com o fato de que a estrutura de períodos de trabalho pudesse dar aos funcionários "permissão" para sair da empresa. No entanto, a permissão não é sua para ceder ou reter, e acreditar que você tem esse poder não passa de um autoengano que leva a um relacionamento desonesto com seus funcionários. Eles não precisam de permissão para mudarem de emprego e, se você tentar exigir isso deles, eles o farão de qualquer forma, mas será nas suas costas.

A definição de um tempo para o período de trabalho permite manter o objetivo em foco, além de fornecer um tempo mutuamente acordado para discutir o futuro do relacionamento. Além de motivos concretos e convincentes para que um funcionário talentoso "cumpra" e finalize sua missão na empresa. Um período de trabalho realista permite um relacionamento honesto, fundamental para que se construa confiança.

Reconhecemos a ironia em procurar lições sobre a construção de relacionamentos de longo prazo no Vale do Silício. Afinal, esse é o lugar em que um engenheiro pode atualizar seu perfil do LinkedIn pela manhã e receber cinco ofertas de emprego até a hora do almoço. Mas é exatamente isso que devemos aprender com o Vale. É uma das economias mais rápidas e competitivas do planeta. É incrivelmente difícil reter funcionários qualificados; então as empresas e os gerentes que convencem seu pessoal a ficar devem fazer algo extraordinário. As técnicas de gerenciamento de talentos — como períodos de trabalho — que funcionam nesse ambiente selvagem são testadas em batalhas. Se eles trabalham aqui, podem trabalhar em qualquer lugar!

Construindo Confiança por meio de Conversas Francas

Mike Gamson é um dos executivos com cargo mais alto no LinkedIn. Ao longo de quase sete anos na empresa, ele alcançou o cargo de vice-presidente sênior da Global Solutions, e sua função é supervisionar todas as operações de vendas. Parte de sua ascensão é explicada por sua habilidade em desenvolver talentos, que é a principal prioridade operacional do LinkedIn. Sua descrição no perfil do LinkedIn diz tudo: "Apaixonado por investir em pessoas."

Gamson costuma desenvolver confiança por meio da honestidade: "Sei que meus funcionários provavelmente sairão da empresa em algum momento. Reconhecer esse fato não diminui meu interesse em investir neles. Pelo contrário, isso é o que me motiva. Garantir a eles que é mais do que aceitável conversar sobre sua carreira, mesmo que esta não inclua o LinkedIn, ajuda a estabelecer um ambiente aberto para a honestidade e ajuda-os a entender que estamos alinhados em nosso interesse de torná-los profissionais melhores."

A honestidade é o primeiro passo na estratégia de Gamson: "Explico que meu trabalho é criar oportunidades para a mudança de trajetória na carreira deles, e que a responsabilidade deles é aproveitar essas experiências e essa oportunidade para criar valor para si mesmos em longo prazo. Em alguns casos, esse valor se manifestará de forma mais explícita somente no final de sua carreira, depois que saírem da empresa. Porém, seu crescimento rápido durante os anos que passam no LinkedIn é uma vitória para ambas as partes. Esse interesse mútuo faz parte do meu estilo de gestão e é uma promessa pessoal a meus funcionários."

Outro executivo do LinkedIn, o vice-presidente sênior de engenharia Kevin Scott, fala da importância da honestidade de forma ainda mais clara. Ele pergunta a todas as pessoas que gerencia: "Que emprego você imagina ter quando sair do LinkedIn?" Ele faz essa mesma pergunta às pessoas que estão se candidatando a uma vaga na empresa ("Que emprego você quer ter quando sair do LinkedIn?"). Com isso, ele garante que a empresa ofereça um serviço que alavancará a carreira futura desses funcionários.

As abordagens de Gamson e Scott ilustram o paradoxo fundamental do período de trabalho: reconhecer que o funcionário pode deixar a empresa é, de fato, a melhor maneira de construir confiança e, assim, desenvolver o tipo de relacionamento que convence as pessoas a ficar.

Rich Lesser, CEO do The Boston Consulting Group, chama essa estrutura de uma cultura de "aceitação". Lesser nos disse que: "A realidade de ser um empregador não é fazer as pessoas sentirem a *obrigação* de ficar. Você contrata os melhores candidatos que conseguir. Cabe a você criar um ambiente no qual essas pessoas extraordinárias *decidem* ficar e investir seu tempo. Desde que começamos a enfatizar isso, o índice de satisfação de nossos funcionários melhorou como nunca, e nossa retenção dos melhores talentos é substancialmente mais alta do que uma década atrás."

Diferentes Tipos de Período

As especificidades de um período de trabalho variam bastante de acordo com a pessoa, a empresa, a área funcional, o setor e a descrição do cargo. Para ajudar a entender essas diferenças, classificamos o período de trabalho de um funcionário em três tipos gerais.

Rotativo

Um período de trabalho rotativo não é personalizado para um funcionário específico e tende a ser altamente substituível — é fácil substituir um funcionário em uma função predefinida.

O primeiro nível do período rotativo é um programa estruturado por determinado período de tempo, geralmente voltado para funcionários iniciantes. Por exemplo, bancos de investimento e consultorias de gestão definiram programas de analistas por um período de dois a quatro anos. Todos fazem parte do mesmo programa básico, geralmente por um período fixo de tempo e uma única vez. Esses programas geralmente servem para facilitar a transição de novos funcionários dos estudos para o trabalho ou de seus empregadores antigos para o ambiente de trabalho exclusivo do novo empregador.

Muitas das principais empresas do Vale do Silício também adotaram o modelo de período rotativo para contratar e treinar funcionários iniciantes em "classes". Por exemplo, o departamento de Recursos Humanos do Google contrata recém-formados em um período de trabalho rotativo estruturado de 27 meses, o que lhes permite experimentar três funções diferentes em três períodos rotativos de 9 meses.[1] O Facebook segue um modelo semelhante para novos gerentes de produto, que passam por três períodos rotativos em três grupos diferentes de produtos por um período de 18 meses.[2] O LinkedIn tem ainda um programa de treinamento multifuncional chamado "RotateIn".

O objetivo de um tipo de período rotativo é permitir que ambas as partes avaliem qualquer ajuste necessário para o relacionamento em longo prazo entre empregador e empregado. Se houver um bom "encaixe", o passo seguinte é definir um período de acompanhamento mais personalizado para maximizá-lo. Se uma das partes não sentir que houve um encaixe, o funcionário provavelmente sairá da empresa sem qualquer prejuízo no relacionamento com o empregador.

Outro tipo de período rotativo se aplica a funcionários em todas as etapas de sua carreira. Esses períodos são muito bem estruturados e amplamente programáticos, mas concentram-se em maximizar a relação do funcionário com sua função *atual*, em vez de prepará-lo para uma função diferente. A maioria dos membros da classe trabalhadora se encaixa nessa categoria. Por exemplo, trabalhar em uma linha de montagem específica pode ser considerado um período rotativo. Um motorista da UPS também está em um período rotativo — é um serviço rotineiro e estruturado, cuja função é definida, e os encarregados podem ser substituídos sem ter quase nenhum problema.

Transformador

Diferentemente do período rotativo, um período transformador é personalizado. O foco não está tanto em determinar um período fixo, mas em concluir uma missão específica. É negociado de forma individual entre você e seu funcionário. A maioria dos gerentes já passa muito tempo "administrando" seu pessoal, mas lhes falta uma estrutura rigorosa para ter uma conversa franca e definir expectativas específicas. A estrutura do período de trabalho permite que você estruture e explicite esse processo, em vez de deixá-lo vago e implícito.

A principal promessa de um período transformador é dar ao funcionário a oportunidade de transformar sua carreira e a empresa. Seu perfil do LinkedIn (ou seu currículo) terá um conteúdo consideravelmente mais impressionante depois disso! Na fase final de um período de trabalho transformador, você e seu funcionário podem começar a negociar um período de acompanhamento, a fim de mantê-lo na empresa. Como um período transformador representa um compromisso prospectivo mais intenso do que um período rotativo, a expectativa padrão é que ambas as partes queiram fazer um investimento em longo prazo e pensem que haverá um período de acompanhamento.

A regra geral é que um período transformador *inicial* dura de dois a cinco anos. É um período que parece ser quase universal em qualquer empresa ou setor. Nos setores de software, o prazo de dois anos equivale a um ciclo normal de desenvolvimento de produtos, o que permite ao funcionário fazer parte de um projeto importante. Um reflexo desse ciclo é que as opções do Vale do Silício tipicamente rendem por um período de quatro anos. Empresas como a Procter & Gamble (P&G), no setor de bens de consumo embalados, definem um período de trabalho de dois a quatro anos a seus novos gerentes de marca.

Assumir um compromisso real permite ao funcionário realizar um trabalho substancial. De acordo com o CEO da Intuit, Brad Smith, "o primeiro ano [do período de trabalho] permite que você obtenha um contexto importante para a função; o segundo ano é sobre colocar sua marca definitiva na mudança transformadora; e os três a cinco anos seguintes servem para implementar e aumentar suas conquistas — ou para pivotar, quando a experiência não sair como o esperado". O presidente do Google, Eric Schmidt, nos disse que também gosta de definir períodos de trabalho em termos de cinco anos — dois anos para aprender, outros dois para fazer o trabalho e um ano para estruturar a transição. À medida que a aliança com um funcionário é fortalecida, os períodos transformadores subsequentes podem ajudá-lo a ter um alcance ainda maior do que o padrão de dois a cinco anos.

Organizar uma série de períodos transformadores dentro de uma empresa é, também, uma maneira de oferecer aos funcionários uma mobilidade interna significativa. A vice-presidente sênior e chefe de recursos da América do Norte no HSBC, Joan Burns, usa essa mobilidade interna para melhorar a retenção de funcionários: "Nos serviços financeiros, as pessoas podem se sentir estagnadas. Elas acham que a progressão de carreira se dá apenas 'subindo degraus'; no entanto, passar de um lado para o outro pode ser igualmente valioso. Queremos ensinar as pessoas a desenvolver diferentes conjuntos de habilidades que podem ser valiosas tanto para elas quanto para nós." No Vale do Silício, o programa Cisco Talent Connection, que ajuda os próprios funcionários da Cisco a encontrar novas oportunidades *na empresa*, aumentou em quase 20% a satisfação deles com relação à progressão de carreira.[3]

Fundamental

Jony Ive na Apple; Fred Smith na FedEx; Ginni Rometty na IBM. São pessoas cujas vidas estão fundamentalmente entrelaçadas com suas empresas. São pessoas que estão em um período de trabalho fundamental.

O alinhamento excepcional da relação entre empregador e empregado é a marca registrada de um período fundamental. (Discutiremos o conceito de alinhamento em mais detalhes no Capítulo 3.) Se um funcionário enxerga seu trabalho na empresa como seu último emprego e se a empresa deseja que ele realize essa função até se aposentar, então ele está em um período fundamental. Isso quer dizer que a empresa se tornou a base da carreira e, até mesmo, da *vida* dessa pessoa, e o funcionário se tornou uma das fundações da empresa. O funcionário faz da missão da empresa o trabalho de sua vida e vice-versa. O período fundamental reconhece e formaliza essa realidade.

Determinados tipos de funcionários provavelmente passarão por períodos fundamentais nas empresas. Os fundadores e CEOs são, por definição, funcionários fundamentais. John Mackey, por exemplo, começou na Whole Foods em 1980 e continua na empresa quase 35 anos depois. Mackey é praticamente uma criança ao lado de Warren Buffett, o qual gerencia a Berkshire Hathaway desde 1965 — já são 45 anos. Já no LinkedIn, apesar de Jeff Weiner ser CEO há apenas cinco anos, ele se tornou tão fundamental para a empresa que Reid se refere a Weiner como cofundador, mesmo que Weiner tenha entrado na empresa muito tempo depois de ela ter sido fundada.[4]

A estrutura ideal de períodos de trabalho para uma empresa seria ter a maioria de seus principais executivos em período fundamental. O tempo médio de permanência dos executivos que representam a função de CEO em empresas que são exemplos de adaptabilidade, como Apple, Amazon e Google, é superior a uma década. Quando as equipes trabalham juntas por muitos anos, elas compartilham experiências de um mesmo contexto, permitindo uma comunicação fluida e tomadas de decisão mais rápidas.

No entanto, os períodos fundamentais não devem se restringir apenas à gerência sênior. As pessoas em períodos fundamentais, qualquer que seja seu nível na estrutura organizacional, fornecem continuidade e memória institucional à empresa. Esses administradores representam o direcionamento da empresa, formam sua base intelectual e emocional. Por exemplo, eles se orgulham mais e se preocupam com a qualidade do produto porque desenvolvem um senso de propriedade (não financeira). A expressão já diz: "Ninguém lava um carro alugado." Um funcionário do período fundamental nunca permitiria que a empresa pegasse atalhos para atender a metas financeiras de curto prazo.

Pense em um período fundamental como um tipo de casamento — um relacionamento de longo prazo em que ambas as partes aceitam antecipadamente como permanente e assumem a obrigação moral de se esforçarem para fazer funcionar antes de se separarem. Como em um casamento saudável, um período de trabalho fundamental também exige que a conversa seja aberta sempre, para garantir a satisfação de ambas as partes. As pessoas e as empresas podem mudar, por isso nem sempre é possível garantir um perfeito alinhamento entre funcionário e empresa.

É extremamente raro um funcionário ingressar em uma empresa no período fundamental, pois este requer um alto grau de confiança e alinhamento. Os funcionários iniciantes provavelmente começarão por um período rotativo ou transformador, enquanto os funcionários de nível superior começarão por um período transformador. Os funcionários que fazem a transição de período transformador para fundamental internalizam o objetivo final e a missão da empresa em longo prazo.

Considere o exemplo de Brad Smith, da Intuit. Smith foi trazido para a empresa em 2003 em um período de trabalho transformador. Quando assumiu a função de gerente geral da Intuit Developer Network, ele e a empresa quiseram avaliar a possibilidade de ele se encaixar na função a longo prazo. Nenhuma das partes pensou que, um dia, Smith se tornaria o CEO da empresa. Porém, ao longo do processo do período transformador (e dos outros dois que vieram em seguida), Smith e a empresa Intuit continuaram trabalhando no fortalecimento de seu relacionamento a ponto de, em 2008, ele concordar em embarcar em um período fundamental — dessa vez como presidente e CEO. Qualquer um pode ver que Smith está em um período fundamental se acessar seu perfil do LinkedIn: www.linkedin.com/in/bradsmithintuit [conteúdo em inglês].

Harmonizando Períodos de Trabalho

Não há um tipo de período de trabalho melhor do que outro; a maioria das grandes empresas usa os três tipos, porém com grupos diferentes de funcionários. Por exemplo, uma empresa não deve colocar a maioria de seus funcionários em período fundamental. Se fizer isso, estará praticamente voltando ao modelo antigo de emprego vitalício. Muitos funcionários talentosos de fato se recusam a participar de períodos de trabalho fundamental basicamente em virtude de seus anseios profissionais mais altos. Empresas ambiciosas, muitas vezes, tentam recrutar pessoas talentosas e ambiciosas, que desejam gerenciar todo o processo algum dia. Se essas empresas forem boas no recrutamento, simplesmente não terão vagas suficientes de CEO ou gerente geral para satisfazer aos anseios de todas as pessoas talentosas — o que significa que esses

36 A ALIANÇA

funcionários um dia terão que sair da empresa para atingir seu maior objetivo. Lembre-se do que aconteceu quando a GE contratou Jeff Immelt para suceder Jack Welch; os outros candidatos ao cargo quase que imediatamente saíram da GE para assumir o cargo de CEO em outras empresas (Bob Nardelli, na The Home Depot; Jim McNerney, na 3M).

Resumimos a estrutura de períodos de trabalho na Tabela 2.1.

Períodos de Trabalho **37**

TABELA 2.1

A estrutura dos períodos de trabalho

	Formato	Acordo	Duração	Transição
Rotativo	Os funcionários escolhidos são integrados de forma programática	Avaliação de potencial encaixe futuro na empresa; emprego previsível	Para programas básicos de analistas, geralmente de um a três anos; para outros rotativos: contínuo	O funcionário pode iniciar outro período rotativo ou mudar para um período transformador; pouco ou nenhum prejuízo moral por deixar a empresa posteriormente
Transformador	Negociado individualmente	Transformação da carreira do funcionário; transformação da empresa	Determinada pela missão específica; geralmente de dois a cinco anos	Antes de concluir a missão, o funcionário negocia um novo período de trabalho na empresa existente ou realiza a transição
Fundamental	Negociado individualmente	Para a empresa, um administrador de valores fundamentais; para o empregado, propósito e trabalho significativos	Continua	Ambas as partes preveem que o relacionamento será permanente e realizam todos os esforços para que isso aconteça

38 A ALIANÇA

Pense nos diferentes períodos de trabalho como os diferentes elementos que formam uma liga metálica. Diferentes misturas são feitas para diferentes capacidades, adequadas a diferentes usos. A liga metálica usada para construir um arranha-céu não é a mesma usada na criação de peças de uma turbina a jato, ou, ainda, no desenvolvimento da faca de um bom chef de cozinha.

Os períodos rotativos dão *escalabilidade* e ajudam as empresas a contratar um grande número de funcionários para funções estáveis e de fácil compreensão. A natureza padronizada desses períodos de trabalho facilita a implementação e o recrutamento, principalmente em escala.

Já os períodos transformadores fornecem *adaptabilidade* e ajudam as empresas a adquirir as habilidades e experiências específicas necessárias. As indústrias dinâmicas geralmente têm maior concorrência, mudanças tecnológicas mais rápidas e uma guerra mais intensa por pessoas talentosas. A mentalidade de fundador é fundamental para o sucesso nessas indústrias, o que significa que as empresas desse setor precisam de uma proporção maior de funcionários alocados em períodos transformadores.

Os períodos fundamentais proporcionam *continuidade* e ajudam as empresas a reter funcionários que focam o longo prazo. A equipe de gerência sênior deve ser formada por funcionários que se encontram no período fundamental.

A combinação ideal de períodos rotativos, transformadores e fundamentais depende das condições específicas de mercado de sua empresa. As empresas do Vale do Silício, inclusive as startups, dependem principalmente (aproximadamente 80%) de funcionários em períodos transformadores, com um pequeno número de funcionários alocados nos períodos fundamental e rotativo. Isso lhes permite criar uma força de trabalho altamente adaptável e de alto desempenho. Por outro lado, uma empresa de manufatura em um mercado estável e de quase monopólio provavelmente dependeria muito mais de períodos rotativos (para trabalhos rotineiros e de menor valor) e fundamentais (para explorar o conhecimento deixado como legado).

Em termos gerais, a necessidade de adaptabilidade mudou a combinação ideal do período fundamental para o transformador, e essa tendência provavelmente continuará valendo. O Vale do Silício não é uma exceção, mas um adotante precoce dessa tendência. Temos lidado com a concorrência global e as rápidas mudanças tecnológicas há décadas e, em virtude disso, tendemos a tomar a direção do modelo transformador. Como os períodos transformacionais representam o maior afastamento das práticas de gerenciamento da maioria das empresas, este livro procura definir e implementar esse tipo de período de trabalho. Portanto, sempre que nos referirmos a um *período de trabalho* ou simplesmente *período*, você deve presumir que estamos nos referindo a um período transformador.

Uma Estrutura Amplamente Aplicável

Nenhuma empresa poderia representar melhor a antítese de uma startup do Vale do Silício do que a gigante do fast food McDonald's. A empresa é grande, antiga e ganha a maior parte de seu dinheiro servindo os mesmos hambúrgueres, batatas fritas e milk shakes de mais de meio século atrás.

Apesar dessas diferenças, no entanto, o McDonald's, na verdade, ilustra o espírito por trás dos períodos de trabalho. Len Jillard, diretor de RH do McDonald's no Canadá, disse: "Se você ficar conosco por um ano ou se quiser mais da empresa, nós o ajudaremos a encontrar seu futuro. Investiremos em você e em seu crescimento. Você pode adquirir muitas das habilidades que o ajudaremos a desenvolver em qualquer função que queira exercer — seja na empresa ou fora dela."[5] Algumas pessoas, como o próprio Jillard, permanecem na empresa por muito tempo. A maioria sai da empresa após um ou dois períodos de trabalho —, mas conseguem tirar lições úteis dessa experiência. Antes de ser um famoso CEO, o jovem Jeff Bezos preparava hambúrgueres no McDonald's. Anos mais tarde, disse que seu gerente no McDonald's era "excelente" e lhe ensinou a importância da responsabilidade![6]

Uma empresa não precisa ser uma organização com fins lucrativos para usar períodos de trabalho para formar equipes adaptáveis. A Endeavor é uma organização global sem fins lucrativos que atende a empreendedores; para ela, a adaptabilidade é essencial. De acordo com sua cofundadora, Linda Rottenberg, a necessidade de agilidade esclarece sua adoção do modelo de períodos de trabalho como estratégia de talento. "Os períodos de trabalho são a forma como estabeleci as alianças de emprego da Endeavor desde o início em 1997", disse Rottenberg. "Eu queria contratar os astros de rock dos empreendedores, pessoas que pudessem competir em qualquer lugar e se igualar ao talento dos empreendedores da Endeavor já em nosso portfólio."

A Endeavor deixava claro, ao contratar as pessoas, que esperava que elas cumprissem períodos rotativos e que mantivessem um relacionamento com a organização ao longo de sua vida. "Os jovens recrutados nas melhores faculdades dos EUA costumam realizar dois períodos de trabalho rotativos de dois anos: um em busca e seleção, outro em serviços para empreendedores", disse Rottenberg. "Quase todos então passam a frequentar uma das cinco principais escolas de negócios, ingressam em uma das melhores empresas de tecnologia ou abrem o próprio negócio — pois foram "mordidos" pelo bichinho do empreendedorismo. Todos permanecem fiéis embaixadores da Endeavor como ex-funcionários corporativos."

Períodos de Trabalho para a Classe Média Corporativa

Há muito tempo, as empresas dedicam recursos à elaboração de funções personalizadas e planos de carreira para seus talentos. Empresas como a General Electric possibilitam que jovens executivos promissores executem uma série de atribuições alternadas, a fim de ajudá-los a ganhar experiência em diferentes funções e mercados.

No entanto, é possível — e necessário, na verdade — estender essa abordagem personalizada a todos os funcionários, por meio da estrutura do período de trabalho. Como contamos com uma menor estabilidade em todo o mundo, você não pode *simplesmente* confiar em poucos talentos para fornecer a adaptabilidade necessária para o ambiente empresarial. As empresas precisam contar com talentos empreendedores em toda a organização para responder a mudanças rápidas. Obviamente, você passará menos tempo revisando os princípios do período de trabalho com um estagiário temporário do que com um executivo sênior, mas os mesmos princípios devem se aplicar a ambos. Todo relacionamento de emprego deve ser de natureza bidirecional; deve ficar claro como ambos, empregado e empregador, se beneficiarão com essa relação.

Os funcionários que ocupam cargos entre os juniores e a gerência sênior formam a "classe média corporativa". Para eles, um período de trabalho bem-sucedido nem sempre proporciona determinada remuneração ou o cargo pretendido. Um profissional competente da classe média corporativa pode concluir diversos períodos de trabalho sem que seu cargo seja alterado. No LinkedIn, por exemplo, existem centenas de excelentes engenheiros de software. A empresa valoriza demais o trabalho deles, mesmo que uma promoção aos que preenchem as filas de espera de um cargo como gerente não seja possível (ou até vista como desejável por muitos deles). Para eles, todo início e fim de um período é marcado por mudanças e crescimento em sua rede de contatos, progresso em seus projetos e mudanças em suas habilidades e oportunidades.

Período de Trabalho **43**

(Abordaremos algumas dessas transformações menores posteriormente, no Capítulo 4.)

Além disso, em vez de o gerente fazer todo o planejamento de períodos de trabalho, os membros da classe média corporativa precisam desempenhar uma função especialmente ativa no processo. Devem procurar oportunidades boas em que possam fazer uma diferença positiva para a empresa e identificar maneiras de investir em si mesmos, para avançarem em suas carreiras. Isso não é uma imposição para esses funcionários: em 2012, o Career Engagement Group conduziu uma pesquisa que apontou que 75% dos funcionários estão dispostos a usar seu tempo para alavancar a carreira e adquirir mais aprendizado que lhes traria benefícios no trabalho.[7]

A Tabela 2.2 mostra como os períodos de trabalho são diferentes para os talentos e a classe média corporativa.

TABELA 2.2

Talentos *versus* Classe Média Corporativa

	Talentos	**Classe Média**
Cargo	Atualizações regulares	Não há necessariamente qualquer mudança
Quem gerencia o processo	Seus gerentes	Gerentes, mas os funcionários assumem uma função mais ativa e proativa
Objetivo do funcionário	Progredir na empresa e em sua carreira, alcançando objetivos agressivos	Manter a empregabilidade, ajudando a empresa a se adaptar

Alianças de Longo Prazo

Ao fornecer uma estrutura para que o funcionário assuma uma série de missões diferentes e pessoalmente significativas, os períodos de trabalho ajudam-no a construir uma carreira de longo prazo na empresa. Sim, um período de trabalho tem um objetivo final; mas um período de trabalho com um final bem-sucedido pode dar início a um novo período na mesma empresa. A fabricante SAS Software Institute, por exemplo, "acredita que seus funcionários cumprirão três ou quatro períodos de trabalho ao longo de sua vida profissional. E a empresa deseja que eles cumpram todos na SAS".[8]

Cada período de trabalho concluído constrói um vínculo de confiança mútua. Saber quando um período está chegando ao fim permite que você inicie o processo de trabalho com o funcionário para definir o próximo período na empresa — antes que ele comece a buscar essa experiência em outro lugar. Mesmo que o funcionário queira explorar opções fora da empresa, em uma aliança de confiança, ele lhe concederá o "Direito à Primeira Conversa", o que significa que discutirá seus planos com você antes de conversar com outros empregadores. Discutiremos esse conceito com mais profundidade posteriormente neste livro. Essas transições planejadas de um período de trabalho para outro são como as juntas de expansão na construção de prédios e pontes — elas permitem que a estrutura se molde conforme necessário, em vez de romperem no esforço de tentar manter uma configuração fixa. A história de Deina King, gerente de contas estratégicas globais do

LinkedIn (e uma das principais vendedoras em geral), ilustra bem o poder de retenção de uma estrutura. Ela trabalha no LinkedIn há mais de cinco anos. Certa vez nos disse: "Provavelmente não continuarei a fazer meu trabalho atual por mais cinco anos — a corrente de transformação é tão forte no LinkedIn que tenho certeza de que serei atraída para um novo desafio. No futuro, gostaria de realizar uma mudança. Adoraria poder permanecer na empresa e deixei isso claro para meus gerentes." Ou seja, a empresa não só conseguiu criar uma relação de muita confiança com King, permitindo ao gerente dela *anos* de planejamento antecipado, como ela deixou explícito que deseja se inscrever em outro período de trabalho. Essa não é a atitude de um simples candidato a qualquer emprego; é a atitude de uma pessoa com um alto desempenho, comprometida com o desenvolvimento profissional e o desafio contínuos.

É claro que a importância da continuidade dependerá da dinâmica de sua empresa e de seu setor. A empresa Boeing, por exemplo, emprega milhares de engenheiros e calcula que precisa treinar um engenheiro por uma década antes que ele atinja sua produtividade total. Por outro lado, um engenheiro da Boeing que passa uma década aprendendo a construir aeronaves Dreamliner investiu, nesse período, em um conjunto de habilidades altamente valiosas para a empresa, mas não tão valiosas para outros empregadores. Para que esse treinamento e o desenvolvimento dessas habilidades valha a pena, a Boeing e seus engenheiros individuais precisam se comprometer com períodos de trabalho de longo prazo, principalmente de períodos fundamentais. O objetivo da estrutura de períodos de trabalho é permitir uma conversa franca e integrada, de nível bastante alto, que permita, por sua vez, que ambas as partes invistam de forma inteligente e independente da duração do período.

Na Prática: Como o LinkedIn Utiliza os Períodos de Trabalho

Talvez a melhor maneira de ilustrar a flexibilidade e o alcance do período de trabalho seja por meio de exemplos mais concretos. Eis duas dessas histórias sobre as experiências de Reid no LinkedIn.

Eda Gultekin: Construindo um Relacionamento de Longo Prazo

Eda Gultekin é a chefe global de soluções do grupo Talent Solutions, no LinkedIn. Gultekin cumpriu seu sonho de infância de ser engenheira ao aceitar um emprego para projetar sistemas de sprinklers assim que saiu da universidade. Apesar de gostar de seu trabalho, descobriu que gostava mais ainda de conversar com as pessoas, em vez de ficar sentada em frente a um computador o dia todo. Como muitos jovens engenheiros que desejam fazer uma transição, ela voltou para a universidade para obter seu mestrado em Engenharia e Gerenciamento pela Universidade de Stanford.

Assim que saiu de Stanford, embarcou em um clássico período rotativo como consultora da Bain. Esses dois anos e meio foram uma ótima experiência para ela, mas ainda sentia que algo estava faltando. "Adoro executar", Gultekin nos disse. "Adoro coisas relacionadas ao operacional e queria ser responsável pela obtenção de resultados." Como um dos principais talentos da Bain, ela se candidatou a uma oportunidade de "estágio externo". Queria ganhar experiência comercial na prática e procurou um ex-colega da Bain, Dan Shapero, que havia ingressado no LinkedIn no ano anterior.

Com Mike Gamson, o então vice-presidente da Talent Solutions, Gultekin e Shapero definiram um período de trabalho de seis meses para ela. O LinkedIn temia que estivesse tendo algum problema com alguns de seus clientes. A missão de Gultekin era determinar se isso estava acontecendo e, se estivesse, propor uma solução.

Após investigar a questão, Gultekin decidiu que o escopo de seu projeto precisava ser ampliado e discutiu isso com Gamson. Os resultados de sua análise levaram a uma nova estrutura da equipe de vendas, projetada para melhorar o gerenciamento do cliente.

Durante o período de trabalho inicial de Gultekin no LinkedIn, ficou claro para todos que ela se encaixava bem na empresa. "Vamos descobrir sua função", disse Gamson. Os três trabalharam juntos para definir um novo período transformador para ela. Dessa vez, seu objetivo era ajudar a equipe de vendas a descobrir como vender novos produtos. Isso lhe permitiria realizar uma de suas metas de carreira — ganhar experiência em gerenciamento — enquanto ajudava o LinkedIn a melhorar em uma área importante de crescimento.

Como em seu período de trabalho anterior, Gultekin redefiniu sua missão ao longo do caminho. Não era o momento ideal para colocar em prática seu objetivo original. Em vez disso, ela decidiu criar, desde o início, com a equipe do Talent Solutions, o software de recrutamento e seleção do LinkedIn (conhecido como Talent Brand). Em virtude de ser uma área totalmente nova, ela ainda não tinha o apoio das equipes multifuncionais. Gultekin fez o que era necessário para completar essa missão, o que a torna um exemplo clássico de força empreendedora. Ela construiu um case de negócio para obter investimento na área e formou uma equipe de funcionários. Estudou SQL sozinha e aprendeu com a Salesforce.com a adquirir as habilidades práticas necessárias para aprimorar os estágios online do processo de vendas.

Os resultados falam por si só. Em 2009, essa linha de negócios em particular tinha uma taxa de produção anual de US$1,2 milhão. Quando o período de trabalho de Gultekin terminou, em 2013, a taxa de produção havia aumentado para US$200 milhões em receita anual. A Talent Brand agora representa 20% dos negócios globais de soluções de talentos do LinkedIn, e a equipe global de consultores de pré-vendas, de analistas e gerentes de contas que ela iniciou em 2010 inclui, atualmente, 85 pessoas.

Os dois primeiros períodos de trabalho de Gultekin serviram para criar uma aliança incrivelmente forte entre ela, seus gerentes e o LinkedIn, o que os ajudou a lidar com o inesperado:

em virtude de complicações com a gravidez, Gultekin precisou iniciar sua licença de maternidade muitos meses antes do esperado. Apesar das circunstâncias estressantes, ela se sentiu confiante de que poderia retornar ao LinkedIn em virtude da força que criou em seu relacionamento com a empresa. Após o nascimento de sua filha, Shapero inclusive a encorajou a dedicar mais tempo à sua recuperação, e ela acabou ficando afastada do escritório por um total de 11 meses (o último trimestre da gravidez e oito meses de licença-maternidade). Gultekin fez sua parte; ela permaneceu em contato com seu gerente e realizou reuniões mensais para ficar a par do negócio.

Quando chegou o momento de voltar ao escritório, Gultekin não demonstrou dificuldade no processo de definir um novo período de trabalho. Cerca de três meses antes de sua licença-maternidade terminar, Gultekin e Shapero elaboraram seu período de trabalho seguinte. "Quando conversei com Dan", disse ela, "foi como se eu nunca tivesse saído. Penso que tive as mesmas oportunidades que teria antes da minha licença." Após passar um breve período com sua antiga equipe, até voltar ao trabalho em tempo integral, ela embarcou em outro período transformador, dessa vez no setor de vendas.

Como aconteceu em seus períodos anteriores, o processo de definição desse período se deu por meio de uma colaboração entre Gultekin e seu gerente. "Dan sempre pergunta 'O que você quer fazer daqui a cinco anos?' e trabalhamos de trás para a frente a partir desse ponto no futuro", contou Gultekin. "Como quero ser gerente geral, decidimos que eu precisava adicionar vendas às minhas habilidades. Nunca realizei vendas em toda

50 A ALIANÇA

minha vida, mas ele sabia que essa nova perspectiva poderia ser útil." Observe como a missão teve que atender às necessidades do funcionário e, também, da empresa; Gultekin e o LinkedIn criaram uma forte aliança porque têm confiança um no outro para se comprometer com um investimento bilateral (mudança para vendas) que trará benefícios para ambas as partes (um conjunto de habilidades mais abrangente para Gultekin e uma nova perspectiva para o LinkedIn).

Como você conseguiu perceber por meio do exemplo de Gultekin, os diferentes tipos de períodos de trabalho podem servir para construir uma carreira, desde o período rotativo clássico que ela fez na Bain, passando por um período exploratório de curto prazo que ela e o LinkedIn usaram para se conhecerem melhor, até períodos transformadores, que ela negociou com Dan Shapero e Mike Gamson. A estrutura formada por períodos de trabalho oferece flexibilidade para lidar com mudanças (como todas as diferentes épocas em que Gultekin iniciou um período de trabalho e, depois, trabalhou para redefini-lo) e eventos externos inesperados (como as complicações com a gravidez). É por tudo isso que podemos dizer que os períodos de trabalho ajudaram Gultekin e seus gerentes a construir um relacionamento mais forte e de longo prazo. Os empregadores que oferecem períodos de trabalho atrativos *conseguem* reter os melhores talentos em longo prazo.

Matt Cohler: Mantendo a Aliança após o Término do Trabalho

Mesmo quando o LinkedIn não consegue manter seus melhores talentos, a empresa ainda tenta manter uma aliança mutuamente benéfica. Considere o exemplo de Matt Cohler, que saiu do LinkedIn há quase uma década.

Em 2003, aos 26 anos, Cohler deixou o alto salário e a marca McKinsey & Company para ingressar no LinkedIn, uma pequena startup que vivia na sombra do Friendster. Reid, o CEO, era seu novo gerente e fez algo que nenhum de seus gerentes anteriores havia feito. Em vez de simplesmente contratar Cohler para determinado cargo ou função, Reid trabalhou com o jovem consultor para definir um período de trabalho bem-definido de tarefas que ajudaria a ambas as partes.

O objetivo de Cohler era se tornar um capitalista de risco. Mas Reid argumentou que ganhar experiência operacional em uma startup bem-sucedida era o caminho mais certo para se tornar sócio-geral de uma empresa de capital de risco do que tentar ingressar em uma empresa diretamente da McKinsey. Reid lançou Cohler em um período de trabalho sem igual: ele atuaria como braço direito de Reid. Nessa função, ele aprenderia com o CEO da empresa e teria uma exposição totalmente ampla a todas as áreas funcionais da empresa. Em troca, Cohler se comprometeu a fazer o que fosse necessário para construir o negócio, ainda que esses projetos se enquadrassem em qualquer cargo ou carreira tradicional.

52 A ALIANÇA

Ao final desse período, Cohler teria tanto o LinkedIn como Reid Hoffman em seu currículo. Portanto, embora o objetivo principal de Cohler fosse se tornar um capitalista de risco e isso, necessariamente, estivesse além dos limites do LinkedIn, ele e Reid foram capazes de alinhar seus anseios e interesses de curto prazo.

Após três anos no LinkedIn, Cohler procurou Reid para dizer que estava pensando em sair da empresa para ingressar em uma empresa de redes sociais ainda mais jovem denominada "O Facebook". Embora Reid não quisesse perder Cohler, ele o aconselhou a aceitar a oferta do Facebook, pois isso o ajudaria a se aproximar de seu objetivo de se tornar um capitalista de risco, oferecendo a ele uma maior diversidade de experiências com startups. Reid também deu a Cohler sua última missão: encontrar o próprio substituto no LinkedIn.

Após quatro anos no Facebook, Cohler partiu para uma nova missão — dessa vez como sócio-geral da Benchmark, uma das principais empresas de risco do Vale do Silício. Até hoje, Reid pede para Cohler conversar com os funcionários de alto valor do LinkedIn para lhes explicar os benefícios de realizar um período de trabalho na empresa. Reid e Matt Cohler ainda têm um relacionamento próximo; eles se reúnem no conselho da Edmodo, uma startup na qual investiram juntos em 2011. O período de trabalho de Matt Cohler no LinkedIn é um case de sucesso de uma aliança benéfica para ambas as partes que persiste mesmo após o término da relação de trabalho oficial.

Mais conteúdo online: Aprenda a estruturar os períodos de trabalho para diferentes setores e áreas funcionais e participe de uma conversa sobre essa estrutura acessando o site: www.theallianceframework.com/ToD. [conteúdo em inglês]

3

Criando Alinhamento em um Período de Trabalho

Alinhando Metas e Valores dos Funcionários com os da Empresa

Na Era Industrial, a empresa incorporava a identidade individual dos funcionários. Ela oferecia emprego vitalício e salários com benefícios definidos. Em troca, os funcionários baixavam a cabeça, trabalhavam duro e subordinavam quaisquer anseios e valores pessoais aos da empresa. No clássico livro *The Organization Man**, publicado pela primeira vez em 1956, o jornalista William Whyte descreveu o princípio fundamental dessa era: "O que é bom para o grupo é bom

---

*   Ainda sem publicação no Brasil. [N. da T.]

56 A ALIANÇA

para o indivíduo." É claro que Whyte era um crítico dessa abordagem, chamava-a de "negação branda de que existe um conflito entre o indivíduo e a sociedade".[1] Certamente tal era do "homem da organização" não durou muito.

Atualmente, uma empresa moderna não pode esperar que o objetivo da organização passe a ser o único objetivo do funcionário. A menos que um funcionário se encontre no período fundamental, o que é raro, ele desejará explorar e manter interesses fora da empresa. Os funcionários mais empreendedores gostam de estabelecer "marcas pessoais", que diferem das marcas de seus empregadores. É uma resposta racional e necessária para o fim do emprego vitalício.

O objetivo de uma organização continua sendo importante. No entanto, um funcionário pode se inspirar com a visão da empresa mesmo sem pensar, "Quero passar o resto da vida em busca de um futuro como esse", ou "Os valores da empresa coincidem com todos os *meus* valores para a vida". Até os líderes empresariais mais focados e bem-sucedidos têm valores e interesses que vão além de seu trabalho atual. Larry Ellison, por exemplo, é louco para vencer a America's Cup[**], e Jeff Bezos, da Amazon, financiou projetos como o relógio de 10 mil anos e comprou o jornal *The Washington Post*. O objetivo não é a perfeita congruência em todas as dimensões, mas um alinhamento saudável para uma estrutura com objetivo e prazo finitos.

Alinhar significa entender e destacar, diretamente, uma semelhança entre o objetivo e os valores da empresa e o objetivo

---

[**] A mais famosa e prestigiada regata do iatismo, e o mais antigo troféu do esporte internacional. [N. da T.]

e os valores de carreira do funcionário. Alguma semelhança mais óbvia surge naturalmente: ambas as partes são beneficiadas com o progresso. As empresas querem lançar novos produtos, aumentar sua participação no mercado e expandir para novos mercados; já os funcionários querem assumir novas responsabilidades, aumentar suas habilidades e, é claro, ganhar mais dinheiro. Em outras palavras, empresa e funcionário querem fazer parte de uma equipe vencedora. Mas basta ampliar um pouco mais esses objetivos para as diferenças aparecerem. Talvez o funcionário tenha um interesse secundário em educação infantil, porém seu dever não envolve esse tipo de trabalho. No entanto, ele valoriza a autonomia e o horário de trabalho flexível que a empresa oferece. Então só é preciso um pequeno alinhamento para tornar a aliança durável.

Ao focar a construção de um alinhamento para uma missão específica com determinado tempo de duração, um período de trabalho reduz a questão do alinhamento de anseios e valores a um objetivo administrável. Relembre o caso do jovem Matt Cohler descrito no Capítulo 2. Reid o contratou para trabalhar no LinkedIn apesar de saber que o objetivo dele para se tornar um capitalista de risco significava que, inevitavelmente, sairia da empresa um dia. No entanto, ao definir um período de trabalho que foi benéfico a ambas as partes, Reid conseguiu recrutar um funcionário valioso, que o ajudou a transformar a empresa.

Sua tarefa é construir um alinhamento com relação ao objetivo específico da missão do funcionário, não de sua vida inteira. Conforme dissemos, sua empresa não é uma família — você não precisa apoiar incondicionalmente os anseios e valores de seus funcionários, mas precisa respeitá-los.

Alinhamento para os Diferentes Tipos de Períodos de Trabalho

O nível de alinhamento necessário varia de acordo com o tipo de período de trabalho. Para períodos rotativos, é possível haver uma sobreposição relativamente modesta entre os interesses do funcionário e os da empresa (ver Figura 3.1). Para períodos transformadores, é necessário haver uma sobreposição substancial entre os valores e os interesses de ambas as partes (ver Figura 3.2). E, para períodos fundamentais, a sobreposição é de quase 100% (ver Figura 3.3).

Figura 3.1

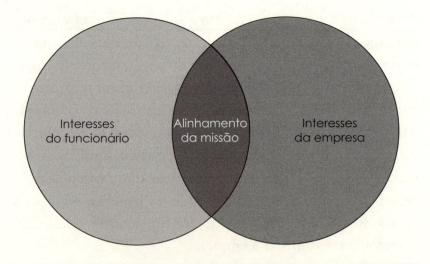

Figura 3.2

Período de trabalho transformador

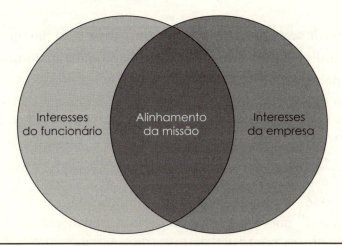

Figura 3.3

Período de trabalho fundamental

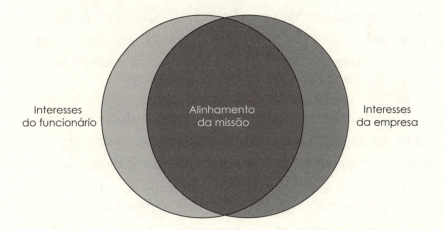

Três Etapas para Construir um Alinhamento

Construir um alinhamento é tanto uma arte quanto uma ciência. Eis alguns princípios dessa habilidade que um gerente pode seguir.

1. DEFINA E DIVULGUE A MISSÃO E OS PRINCIPAIS VALORES DA EMPRESA. Os funcionários não saberão quais são os valores e a missão de sua empresa a menos que você seja capaz de articular o que ela defende. O núcleo de qualquer empresa é sua missão. Diferentemente das atribuições táticas de "Missão Impossível" que discutimos ao definir a estrutura do período de trabalho, a tarefa de "definir a missão" da empresa é o que guia seus princípios e suas metas. Empresas grandes têm missões específicas que diferem das missões de seus concorrentes.

Apenas dizer que sua empresa cria ótimos produtos e atende às necessidades de seus clientes não tem nenhum sentido, pois esses anseios podem e devem se aplicar a qualquer empresa. Isso representa resultados, não propósitos! Quais necessidades específicas? Quais clientes específicos?

Uma boa definição da missão e dos valores da empresa deve ser específica e rigorosa o suficiente para que alguns atores competentes sintam que existe um forte alinhamento entre os princípios da empresa e os seus; já outros entenderão que a empresa simplesmente não é uma boa opção para eles. Talvez você perca algumas pessoas que não sentirão um alinhamento forte com a empresa ou o grupo; no entanto, você *quer* perder essas pessoas, porque isso permite construir um alinhamento muito mais forte com aqueles que optaram por ficar. A definição da missão do Walmart é bastante clara: "Economizar dinheiro para as pessoas viverem melhor". Já a da Exxon Mobil não é tanto: "Estamos comprometidos em ser a melhor empresa de petróleo e petroquímica do mundo. Para isso, devemos continuamente alcançar resultados financeiros e operacionais superiores, respeitando os mais altos padrões de conduta nos negócios. Essas duras expectativas representam a base de nosso comprometimento com aqueles com quem interagimos."[2] Tradução: vença, mas não viole a lei. Ficamos com a impressão de que isso valeria para qualquer negócio legítimo!

Para essa discussão, não importa muito quais são os valores da empresa. É importante tê-los, assim como é importante que você e quaisquer outros gerentes de sua empresa saibam articulá-los. O objetivo é permitir que os funcionários comparem seus valores pessoais com os da empresa, ou equipe de trabalho. E, mesmo se você não fizer parte da equipe de gerenciamento sênior da empresa, pode estabelecer um conjunto de anseios e valores que considera essenciais para seu grupo ou unidade de negócios.

2. ENTENDA QUAIS SÃO OS PRINCIPAIS ANSEIOS E VALORES DE SEUS EMPREGADOS INDIVIDUALMENTE. Perguntar quais são os principais anseios e valores de um funcionário pode parecer estranho e constrangedor no início, mas não é uma questão de demonstrar boas intenções à toa. Falar sobre valores é um passo importante para a construção de laços de confiança e lealdade mais fortes entre funcionário, gerente e empresa. Como gerente

62 A ALIANÇA

do eBay, John Donahoe instituiu programas sistemáticos para conhecer melhor seus funcionários: "Queremos saber quais são seus anseios na vida. Nós lhes perguntamos: 'Para quem você olha e diz: Quero ser como essa pessoa algum dia?'"

Espere se deparar com funcionários que não sabem muito bem ainda quais são seus anseios e valores para sua carreira. Algumas pessoas (uma minoria) sabem exatamente o que querem na vida. E tudo bem — a conversa com essas pessoas será relativamente fácil.

Já outras pessoas têm anseios pouco específicos, apenas querem "progredir" de diversas maneiras diferentes. Isso também é bom — como gerente, você pode ajudar seus funcionários a descobrirem o que significa progresso para eles no período de trabalho específico em que se encontram. Não insista para que tenham uma resposta exata a respeito disso. Por exemplo, quando Ben estabeleceu uma organização para apoiar os interesses comerciais, filantrópicos e cívicos de Reid e atuou como seu chefe de equipe, ele expressou sua vontade de trabalhar internacionalmente, inclusive de aprimorar suas habilidades empreendedoras e de se preparar para abrir outras empresas no futuro, para construir relacionamentos com pessoas intelectualmente estimulantes e para obter mais exposição a questões e oportunidades fora do país. Esses objetivos eram um tanto quanto abstratos, mas foram claros o suficiente para que Reid e Ben construíssem uma missão que levasse ao cumprimento satisfatório de seu período de trabalho.

Por fim, alguns funcionários, especialmente aqueles que estão em início de carreira, ainda não refletiram nada sobre suas expectativas de carreira. Se o funcionário sentir dificuldade em expôr seus valores, eis um exercício prático, elaborado por Anne Fulton, do Career Engagement Group, que você pode usar para iniciar a conversa. Primeiramente, peça ao funcionário que anote o nome de três pessoas que ele admira. Depois, ao lado de cada nome, peça que liste as três qualidades que mais admira em cada uma dessas pessoas (nove no total). Por fim, solicite a ele que classifique essas qualidades em ordem de importância, sendo 1 a mais importante e 9 a menos importante. Assim, ele preencheu uma lista de valores pessoais para comparar com os valores da empresa.[3] (Para saber como nós três concluímos esse exercício, consulte o Apêndice B.)

Em geral, deve-se esperar que a missão e os valores de uma empresa sejam claros e bem definidos, e que a missão e os valores de carreira de um funcionário variem mais em comparação com os da empresa.

3. TRABALHE EM CONJUNTO PARA OBTER O ALINHAMENTO ENTRE FUNCIONÁRIO, GERENTE E EMPRESA. Depois que os valores e anseios de todos estiverem articulados, todas as partes deverão trabalhar em conjunto para fortalecer o alinhamento entre si. Esse é um esforço colaborativo, e não de cima para baixo. Não é apenas uma tarefa sua, mas também de seu funcionário. A boa notícia é que esse trabalho em conjunto pode realmente ajudar a construir um relacionamento de longo prazo. John Donahoe enfatiza que, depois de investigar quais são os anseios de um funcionário, "passamos então a descobrir como podemos vincular sua atividade aqui no eBay a esses anseios".

64 A ALIANÇA

Para funcionários novos, o processo de alinhamento deve começar durante o próprio processo de contratação. Por exemplo, Neil Blumenthal, da varejista de óculos Warby Parker, faz uma pergunta incomum na entrevista para avaliar o alinhamento: "Um de nossos principais valores é injetar diversão e singularidade em tudo o que fazemos. Por isso, perguntamos com frequência: 'Que fantasia você usou recentemente?' E a questão não é que, se você não usou uma fantasia nas últimas quatro semanas, não será contratado. É mais para julgar a reação da pessoa a essa pergunta. Você é alguém que se leva muito a sério? Nesse caso, isso é um sinal de alerta para nós. Queremos que as pessoas levem seu trabalho a sério, mas que não cobrem tanto de si."[4]

Às vezes, fortalecer o alinhamento envolve refinamento ou compromisso. Lembre-se de que os principais anseios e valores de pouquíssimos funcionários serão compatíveis com os da empresa. Por exemplo, o CEO do LinkedIn, Jeff Weiner, é apaixonado pela política educacional dos EUA e atua no conselho da DonorsChoose, que desempenha um papel mínimo nos negócios do LinkedIn. No Vale do Silício, muitos funcionários gostariam de fundar uma empresa algum dia. Claramente, isso significa que eles sairão da empresa. Mas é possível alinhar interesses para que todos ganhem ao longo de um período de trabalho. Por exemplo, ele diz aos funcionários do LinkedIn que desejam ingressar em uma startup que, se trabalharem para ele, conseguirão adquirir habilidades úteis para quando estiverem prontos para seguir em frente; e, ainda, se ajudaram a empresa, ele os ajudará a conseguir um emprego em uma empresa do portfólio Greylock ou em qualquer outro lugar no Vale do Silício.

Em todos esses casos, você precisará ter a visão adequada para acertar o alinhamento; pode ser um período de tempo, o escopo ou a natureza do trabalho (isso se o funcionário estiver buscando adquirir experiências específicas). Lembre-se de que o funcionário e a empresa não precisam permanecer no mesmo alinhamento para sempre, apenas enquanto durar o período de trabalho.

Por fim, o alinhamento de interesses, valores e anseios aumenta as chances de uma aliança forte e de longo prazo entre uma empresa e um funcionário talentoso.

Na Teoria: Como o LinkedIn Constrói Alinhamento

Você se lembra de David Hahn e seus quatro períodos de trabalho no LinkedIn? O LinkedIn o manteve por quase uma década em um ecossistema de talentos altamente competitivo, em parte porque seus gerentes construíram um forte alinhamento de missão entre ele e a empresa durante cada período de trabalho.

Quando pensou em como queria construir sua carreira ao sair da universidade, ele se inspirou no famoso ditado de Theodore Roosevelt: "De longe, o melhor prêmio que a vida oferece é a chance de trabalhar duro em um trabalho que vale a pena."[5]

Para Hahn, isso significava encontrar uma maneira de causar um impacto positivo no mundo e fazer isso em uma escala mais ampla possível. Ele iniciou sua carreira em Washington, D.C., pensando que alcançaria essa expectativa por meio da política e da diplomacia, mas percebeu que o ritmo da mudança não era rápido o suficiente para satisfazê-lo. Decidiu que o ecossistema das startups do Vale do Silício podia lhe oferecer uma melhor alternativa. Então, estabeleceu dois objetivos iniciais: aprender com os grandes líderes que já haviam criado empresas de sucesso em grande escala e trabalhar para uma empresa cujo propósito não fosse apenas atingir seus objetivos financeiros.

Hahn executou um plano que lhe permitiu alcançar seus dois objetivos. Ele usou a primeira versão do LinkedIn (o produto) para procurar pessoas que haviam se mudado recentemente de Washington, D.C. para o Vale do Silício e convenceu um deles, o ex-executivo do PayPal, Keith Rabois, a contratá-lo. Hahn se juntou a Rabois na Epoch Innovations, uma startup de alto crescimento que buscava usar a tecnologia no tratamento da dislexia — esse foi um encaixe aparentemente perfeito em direção a seus objetivos. Em apenas algumas semanas, no entanto, ele descobriu que a empresa estava falindo. Como já havia estabelecido um relacionamento próximo com Rabois, os dois procuraram juntos pelo próximo trabalho. Durante a pesquisa, Rabois apresentou Hahn a Reid, seu ex-colega do PayPal que havia fundado recentemente o LinkedIn (a empresa). Hahn nos disse: "Em nossa primeira reunião já ficou claro que Reid não era apenas uma pessoa incrível com quem poderíamos aprender, mas que também tinha uma filosofia semelhante em relação ao impacto."

Rabois e Hahn começaram a trabalhar no LinkedIn na semana seguinte.

Hahn estava empolgado com a missão mais ampla do LinkedIn de oferecer oportunidades econômicas a profissionais do mundo todo. O gerente de Hahn, Rabois, também apontou que os valores profissionais de curto prazo de ambas as partes estavam alinhados — ao ingressar no LinkedIn, Hahn aprenderia sobre a criação de empresas por meio de uma equipe executiva que já havia criado o PayPal, e a empresa teria um generalista inteligente trabalhando para ela, que poderia cumprir diferentes funções. Quatro anos depois, quando Jeff Weiner assumiu o cargo de CEO do LinkedIn, Hahn pôde aprender com um executivo experiente sobre como realizar a transição de uma empresa de médio porte para uma empresa global de capital aberto.

Os gerentes de Hahn no LinkedIn continuaram encontrando maneiras, ao longo do caminho, de definir períodos de trabalho que significavam uma promessa de transformação em sua carreira e para a empresa em geral. Por exemplo, quando Hahn se interessou em criar um dos primeiros fluxos de receita do LinkedIn, a empresa mudou seu período de trabalho para ir atrás do objetivo dessa missão. Hahn aplicou os mesmos princípios às pessoas que ele administrava. "A filosofia de trabalho no LinkedIn é deixar os funcionários mais brilhantes irem atrás das áreas por que se interessam, especialmente aquelas que estão além de sua capacidade", disse Hahn. "Tem sido uma excelente estratégia manter nossos funcionários mais talentosos motivados e aprendendo o mais rápido possível."

COMO CONDUZIR UMA CONVERSA
Conselho para a Gerência

O processo de alinhamento de valores pode ser longo e requer o estabelecimento de um nível profundo de confiança durante uma série de conversas sérias. Cada conversa deve ser construída com base na conversa anterior.

DEFINA VALORES PARA UM GRUPO. Quase todas as empresas têm seus valores escritos em um papel. A maioria desses valores é composta de clichês, como "buscar a excelência", algo que ofende o intelecto. Se sua empresa não tem valores oficiais significativos, tome a liberdade de definir esses valores para sua equipe. É claro que é mais fácil definir valores significativos quando o *CEO* toma a frente e lidera o esforço da equipe.

O CEO, junto de sua equipe executiva, deve criar um rascunho com os valores da empresa, apresentá-lo a um público mais amplo de funcionários não executivos do período fundamental e estar aberto para comentários e alterações. Somente quando o núcleo fundamental da empresa concordar, o CEO deve expandir o processo para toda a empresa.

Um CEO não pode convocar todos os mil funcionários em um auditório e lhes solicitar que definam os valores da empresa partindo do zero, assim como também não pode fazer o oposto — definir os valores definitivamente e, depois, solicitar a concordância "voluntária" de todos.

Se a empresa tiver mais de 75 funcionários, divida-os em grupos multifuncionais menores e faça com que cada grupo realize uma reunião separadamente, para discutir alguns valores preliminares. As hipóteses que serão descobertas durante essas conversas abertas podem ser inesperadas. Muitas empresas descobrem que, ao contrário do que pensam seus gerentes seniores, em vez de terem uma cultura missionária, estão realmente repletas de motivações mercenárias. O gerente precisa ter uma compreensão realista de qual é a verdadeira cultura da empresa.

DEFINA OS VALORES PESSOAIS EM UMA CONVERSA FRANCA. Reúna-se individualmente com cada um de seus subordinados diretos para discutir seus principais anseios e valores, e para entender como esses valores se encaixam nos da empresa. Você não precisa pedir que eles publiquem seus valores individuais na intranet da empresa ou fixe-os em seus crachás de identificação, mas precisa transformar esses anseios e valores de simples dicas implícitas a pontos explícitos. Afinal, como você conseguirá construir um período de trabalho transformador sem entender os objetivos de seus funcionários?

CONSTRUA CONFIANÇA AO SE ABRIR. Entender com o que um funcionário se importa ajuda a construir um relacionamento de confiança. O psicólogo Arthur Aron, da SUNY Stony Brook, descobriu que solicitar aos participantes de um experimento que compartilhem seus sentimentos e suas crenças mais profundas por uma única hora pode gerar o mesmo senso de confiança e intimidade que normalmente leva semanas, meses ou anos para se formar.[6] Perguntas diretas como "Qual foi o

70 A ALIANÇA

melhor colega de trabalho que você já teve?" e "Qual é o momento de maior orgulho em sua carreira?" ajudam a quebrar a distância emocional.

Lembre-se de que a dinâmica de poder subjacente pode parecer intimidadora quando você faz perguntas diretas. Por isso, é importante que se abra e fale sobre seus próprios anseios e valores. Os exercícios de relacionamento de Aron pedem que *ambas* as partes compartilhem respostas para perguntas profundas.

Brad Smith aplica este princípio na Intuit: "Começamos todas as entrevistas dizendo: 'Conte-me sobre sua história de vida em três a cinco minutos e como isso o levou a se tornar a pessoa que você é hoje... cite os principais momentos que o ajudaram a definir quem você é e conte o que sabe sobre negócios e liderança, ou seja, como lida com experiências adversas, como sofrer bullying, a morte de um ente querido ou decisões importantes que deram errado.'" Essa abordagem funciona porque o entrevistador da Intuit responde primeiro, a fim de definir um exemplo de resposta e modelar a vulnerabilidade do candidato.

Mais conteúdo online: Encontre exercícios interativos para desenvolver o alinhamento da missão com um funcionário acessando o site: www.theallianceframework.com/alignment. [conteúdo em inglês]

4

Implementando Períodos de Trabalho Transformadores

Estratégias e Técnicas de Utilização da Estrutura

Implementar um período de trabalho com um alinhamento forte significa deixar para trás as mudanças rotineiras em relação às análises de desempenho com base em modelos, nas quais quase nada de importante é dito ou feito. Em vez disso, você precisa ter conversas francas, abertas e criteriosas. O gerente e o funcionário têm um acordo explícito (embora não obrigatório) com objetivos compartilhados e expectativas realistas. Esse acordo oferece os critérios para a medição e o gerenciamento de desempenho regulares e *bilaterais*. Ou seja, você dá feedback e orientação específicos para os funcionários e, igualmente importante, permanece aberto para conversar sobre seus objetivos de carreira em longo prazo e para se certificar de que a empresa está alinhando esses objetivos conforme prometido.

A seguir, veja um guia com o passo a passo para a implementação de períodos de trabalho transformadores para seus subordinados diretos ou para toda a organização. Nesse sentido, esteja pronto para conversar sobre a carreira deles além do trabalho que realizam em sua empresa, se achar necessário.

1. Inicie a Conversa e Defina a Missão

Todo funcionário é contratado para um período rotativo ou transformador. Defina o período inicial de trabalho de cada funcionário durante o processo de contratação — ou pelo menos inicie a conversa se a situação for muito incerta, para acertar os detalhes do período. Estabelecer um compromisso bilateral mínimo beneficia empregador e empregado. Você deve saber como uma contratação transformadora fará a diferença para a empresa antes de oferecer a vaga. Da mesma forma, os funcionários novos se sentirão muito mais confortáveis se souberem que seu ingresso na empresa lhes permitirá avançar em sua carreira.

O mesmo vale para funcionários antigos, pois definir um período de trabalho pode promover qualquer esclarecimento necessário e fortalecer seu relacionamento com a empresa.

Para definir um período, você e seu funcionário precisam responder às seguintes perguntas:

Qual é o Objetivo Geral do Período de Trabalho?

O período de trabalho que você define com seu funcionário deve ter um objetivo claro, detalhado e concreto de sua missão. Os exemplos incluem o início de um projeto específico, um projeto interno ou uma iniciativa organizacional. Por exemplo: o objetivo do período de trabalho inicial de Eda Gultekin no LinkedIn (sobre o qual falamos no Capítulo 2) era investigar e resolver o problema de rotatividade dos clientes. A ideia é selecionar um objetivo da missão que ajude a empresa e que, ao mesmo tempo, ofereça ao funcionário uma oportunidade de crescimento.

Com base no objetivo da missão, você também deve definir as expectativas do funcionário em relação à duração do período. De forma simplificada, o período de trabalho deve durar o suficiente para atingir o objetivo. No caso de Gultekin, seu período de trabalho inicial durou apenas seis meses, mas os períodos subsequentes por que ela passou duraram vários anos.

A configuração "correta" para um período também dependerá das necessidades individuais de cada funcionário. Os funcionários que valorizam experiências diferentes podem desejar um número maior de períodos mais curtos e completamente variados. Já aqueles que esperam ter mais estabilidade podem preferir um número menor de períodos, porém, mais longos e contínuos, com o objetivo de negociar um período fundamental futuro.

Por fim, o objetivo da missão também precisa ajudar empregador e empregado a alinhar seus anseios e valores, conforme falamos no Capítulo 3.

O Que os Resultados de um Período de Trabalho Bem-sucedido Significam para a Empresa?

Um objetivo bem-sucedido da missão fornece resultados para a empresa, tanto para objetivos quantitativos como qualitativos, como o lançamento de uma nova linha de produtos e a geração de determinada quantia em dinheiro nas receitas do primeiro ano, ou a conquista da liderança em uma categoria específica de mercado, conforme medido pela pesquisa de analistas do setor.

No LinkedIn, por exemplo, os gerentes questionam: "Como a empresa será *transformada* por esse funcionário?"

O Que os Resultados de um Período de Trabalho Bem-sucedido Significam para o Funcionário?

Um período de trabalho bem-sucedido deve fazer a diferença para o funcionário e para a empresa. Seu sucesso pode incluir: o desenvolvimento de novos conhecimentos e habilidades; adquirir experiência técnica, funcional ou administrativa, o que ajudará o funcionário a progredir na carreira; e criar uma marca pessoal dentro e fora da empresa, ao alcançar uma meta impressionante. Geralmente, não inclui uma atualização no cargo.

No LinkedIn, os gerentes questionam: "Como a carreira desse funcionário será *transformada* ao trabalhar em nossa empresa?" Todos os funcionários são convidados a preencherem um Plano de Transformação, para expor como esperam transformar a si mesmos, a empresa e o mundo com seu trabalho.

Pat Wadors, que dirige a organização global de talentos do LinkedIn, diferencia as transformações entre "Big T" (transformações grandes) e "small t" (transformações pequenas). Uma transformação Big T é algo como uma promoção ou uma boa atribuição. Apenas cerca de 20% das missões resultam em uma transformação Big T. É por isso que a empresa dá a mesma ênfase (ou até mais) para as transformações small t, que, no início, podem não parecer tão atrativas, mas trazem melhores possibilidades de aumento da valorização do funcionário. Exemplos de pequenas transformações incluem adquirir experiência de negociação em determinados tipos de projetos, aprender novas habilidades e obter a validação e a recomendação de outras pessoas do setor. Não é coincidência a evolução do design do perfil de membro do LinkedIn ao longo dos anos, a fim de permitir que seus membros deixassem suas pequenas transformações mais à mostra.

2. Configure um Sistema de Pontos de Verificação Regulares para Ambas as Partes Trocarem Feedbacks Entre Si

A abordagem corporativa tradicional de análises de desempenho, com base em períodos de um ano, faz pouco sentido no contexto de um período de trabalho. É o objetivo da missão, e não o calendário, que define um período. Além disso, um processo de revisão anual não fornece feedback suficiente. Você deve configurar um sistema de pontos de verificação regulares para avaliar o andamento do período de trabalho para ambas as partes (veja a Figura 4.1). Esses pontos de verificação podem ser mantidos em intervalos regulares (trimestralmente, por exemplo) ou podem estar vinculados a marcos específicos no plano geral do projeto associado a determinado período de trabalho. De qualquer forma, o objetivo é elaborar um fórum aberto para avaliar em conjunto o progresso do período em relação aos resultados desejados por ambas as partes. Isso permite correções no andamento do projeto, conforme necessário. Lembre-se de que é uma conversa bidirecional: a empresa fala sobre as contribuições do funcionário *e* o funcionário declara se a empresa o está ajudando a atingir seus objetivos de carreira.

Figura 4.1

Criando e rastreando sua transformação

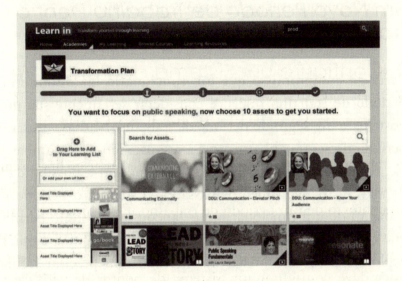

Fonte: captura de tela da intranet de um funcionário do LinkedIn.

3. Antes do Encerramento do Período de Trabalho, Comece a Definir o Período Seguinte

Bem antes do final do atual período ativo, você deve reservar um tempo para discutir o que seu funcionário gostaria de fazer quando concluir esse período de trabalho. Antecipar essa conversa pode remover a incerteza associada à conclusão de um período e, ainda, dar ao empregado (e também ao gerente) algo por que esperar no futuro. Geralmente, existem dois resultados possíveis para essa conversa.

O Gerente e o Funcionário Definem um Novo Período de Trabalho Dentro da Empresa

Parte do compromisso que um funcionário faz durante um período de trabalho inicial é considerar seriamente sua proposta para um segundo período de trabalho. Muitas vezes, um período de acompanhamento é a resposta ideal para ambas as partes. É quando empresa e funcionário têm a possibilidade de alavancar investimentos passados. Estender o período de trabalho de um funcionário que lançou um produto permite que ele aprenda como escalonar o produto, e que a empresa explore seu sucesso inicial no mercado sem precisar treinar outra pessoa para realizar essa função.

Os períodos de acompanhamento podem ser curtos ou mais longos, dependendo da natureza da missão. Um funcionário experiente pode progredir rapidamente em uma missão bem-definida, pois não precisará de um primeiro período de crescimento. No entanto, o aumento da força do relacionamento também pode ser alavancado seguindo o caminho oposto. Um funcionário de confiança e que está confiante pode enfrentar missões mais estratégicas e de longo prazo.

Implementando Períodos de Trabalho Transformadores **81**

O programa de treinamento em gerenciamento da General Electric para funcionários de alto potencial é um exemplo clássico da definição de novos e interessantes períodos de trabalho dentro da empresa. Funcionários promissores enfrentam sucessivos períodos rotativos em diferentes áreas funcionais, unidades de negócios e lugares, o que os prepara para os desafios de ajudar a gerenciar um amplo conglomerado da indústria. Ninguém jamais se tornou CEO da General Electric sem concluir diversos períodos de trabalho em todas as áreas da empresa.

Antes de iniciar um novo período de trabalho, o funcionário em questão deve ajudar a recrutar e treinar seu sucessor, para continuar o projeto do período anterior. Talvez essa substituição demonstre ser ainda melhor para a fase seguinte da iniciativa. O plano de sucessão fornece, ainda, um fechamento mais satisfatório para o funcionário, que pode concluir seu período de trabalho sabendo que o produto, o projeto ou a iniciativa em que trabalhou durante alguns anos de sua vida continuará em boas mãos.

Caso não fique óbvio qual seria uma possível próxima missão, você e seu funcionário poderão acabar num beco sem saída — os dois querem continuar a trabalhar juntos, porém não sabem ao certo como. Quando essa situação ocorrer, a melhor saída é estender o período atual e estabelecer um tempo — em meses, e não anos — para reexaminar as possibilidades.

Gerente e Funcionário Concluem que o Funcionário Cumprirá um Período de Trabalho em uma Empresa Diferente

Um dos maiores temores de um gerente é perder um funcionário talentoso. Mas isso pode acontecer, e por muitos motivos válidos. Nenhuma empresa jamais conseguiu reter os funcionários com melhor desempenho para sempre.

Dificilmente você espera que isso acontecerá um dia, mas, mesmo assim, uma saída planejada é melhor para a empresa do que ser pego de surpresa. Discuta uma possível saída de maneira aberta e honesta. Como aliado de seu funcionário, é seu trabalho ajudá-lo a escolher o melhor próximo passo. Isso significa ajudá-lo a avaliar suas opções, mesmo que incluam trabalhar em outras empresas. Uma conversa franca sobre opções fora da empresa exige coragem por parte do gerente e do funcionário. Você precisa enfrentar a possível saída de cabeça erguida, e o funcionário precisa sentir que, ao compartilhar suas verdadeiras intenções, não prejudicará o relacionamento entre vocês. Você ganha o "Direito à Primeira Conversa" por meio da confiança que constrói com os funcionários.

Em seguida, você e seu funcionário devem negociar juntos um período de transição e elaborar uma lista de verificação de transição. O objetivo dessa lista é apresentar tudo o que a empresa precisa que o funcionário faça para concluir sua missão, especialmente para quem será passada a responsabilidade pelo projeto daqui para a frente. Se um funcionário tiver cumprido todos os pontos da lista de verificação, o período de trabalho será considerado completo e ele terá boas condições de permanecer em uma boa posição perante a empresa após sua partida. Abordaremos os detalhes sobre a transição de funcionários para ex-funcionários da empresa no Capítulo 7.

4. Gerencie Esperando o Inesperado: Quando Ocorre uma Mudança no Meio de um Período

Um período de trabalho não é um contrato — esse tipo de abordagem legalista é a marca do livre arbítrio e do pensamento transacional. A aliança é ética, não legal, e o período de trabalho é um acordo informal de respeito e honra a um relacionamento-chave. Os gerentes não devem usar o imperativo moral de um período de trabalho para forçar um funcionário a permanecer em uma função que não deseja, especialmente se o encaixe inadequado se deu em virtude de falhas nas tomadas de decisões de gerenciamento. O objetivo do período de trabalho é construir confiança por meio de uma comunicação franca e criar oportunidades em longo prazo de forma voluntária, para que os funcionários não se sintam presos a funções de que não gostam ou que as empresas não se obriguem a reter funcionários pouco eficientes.

No caso de um funcionário ou empregador desejar ou precisar encerrar um período de trabalho antes de concluir sua missão, o processo precisa ser colaborativo. Se um funcionário receber uma oferta incrível para trabalhar em outra empresa, ele deve sentir que tem a opção de aceitá-la, mas que terá a

84 A ALIANÇA

obrigação de trabalhar duro para garantir uma sucessão suave e, se necessário, atrasar sua saída para ajudar nessa transição.

Da mesma forma, se uma empresa precisar reorganizar ou encerrar uma iniciativa específica que envolve o período de trabalho de um funcionário, você deve se esforçar muito para garantir que ele permaneça no caminho certo para alcançar as metas profissionais previamente acordadas e seus objetivos de crescimento pessoal. Quanto mais longo e profundo o relacionamento, maior é a obrigação que ambas as partes têm de preservá-lo e, se necessário, trabalharem para que a transição seja tranquila e amigável.

O Que Acontece Se uma das Partes Rompe a Aliança?

Se um funcionário sai da empresa no meio de seu período de trabalho, sem se preocupar em realizar uma transição, ele estará rompendo a aliança de emprego e precisará enfrentar as consequências. Primeiramente, e acima de tudo, sua credibilidade e reputação ficarão abaladas. Ele não pode trair um relacionamento-chave e simplesmente dizer: "São apenas negócios." A ética é importante. Além disso, o funcionário também sofrerá consequências práticas. Ele renunciará a benefícios futuros, como a condição de participar de uma rede de ex-funcionários em destaque (mais sobre isso no Capítulo 7) e conseguir boas referências.

Se a empresa demitir o funcionário no meio de um período ou não cumprir com a obrigação de oferecer oportunidades de crescimento transformador ao funcionário, ela também estrá quebrando os termos da aliança. Não se pode desconsiderar o acordo e esperar que o funcionário seja um aliado no futuro, seja para falar bem da empresa, indicar clientes e novos funcionários ou qualquer outra coisa. Após o surgimento das mídias sociais, as consequências do rompimento de uma aliança para o empregador são muitas. Atualmente, os ex-funcionários podem — e o fazem — expor como é, de fato, trabalhar em determinadas empresas; um empregador (ou gerente) que tem o hábito de romper alianças deixa um recado aos funcionários atuais e futuros de que ele não é confiável. Um dia (esperamos que esse dia chegue logo), um empregador ou profissional individual será capaz de simplesmente dizer "Eles romperam a aliança", e a pessoa do outro lado do telefone saberá o que isso significa.

O Que Acontece Se o Funcionário Tiver um Novo Gerente?

Se o funcionário tiver um novo gerente em meio a um período de trabalho, é injusto descartar os termos previamente acordados, assim como é injusto vincular o novo gerente aos planos de seu antecessor. A abordagem correta é realizar uma transição respeitosa. A expectativa padrão deve ser que o novo gerente dê continuidade ao período anterior. No entanto, se

86 A ALIANÇA

perceber que a missão precisa mudar, ele deve ter a liberdade de alterá-la, mantendo a obrigação moral de ajudar o funcionário a cumpri-la. Por isso, é essencial ter uma descrição do período de trabalho em contrato, em vez de confiar em um acordo verbal entre o gerente e o funcionário.

E se Uma das Partes Tiver um Desempenho Ruim?

O desempenho geral afeta a durabilidade do período de trabalho. Se a empresa como um todo começar a ter problemas, ela pode não conseguir segurar o fim da aliança. Se a empresa não mantém, ou não pode manter, um ambiente ou uma função favorável para o funcionário, com oportunidades de crescimento profissional, está renegando o compromisso de transformar sua carreira. Por outro lado, se um funcionário demonstra um desempenho insatisfatório, não está cumprindo seu compromisso de ajudar a melhorar a adaptabilidade da empresa. Mesmo quando o desempenho cai, ainda é importante lembrar que a aliança é um relacionamento, não uma transação. Altos e baixos no processo são inevitáveis; as duas partes precisam manter uma perspectiva de investimento em longo prazo, em vez de responder de maneira instável às turbulências do curto prazo. Um time de futebol nunca cortaria um jogador apenas porque ele jogou mal em um jogo. Mas se o rendimento dele decaiu em um mês, a equipe pode muito bem substitui-lo ou dispensá-lo.

E Se o Funcionário Quiser Assumir uma Nova Função Dentro da Empresa?

Mesmo que uma mudança de área não envolva a saída da empresa, você deve seguir a mesma abordagem colaborativa para concluir um período de trabalho. Se um funcionário é capaz de deixar sua missão organizada para realizar uma transição suave, você não deve impedir sua mudança de função. No LinkedIn, por exemplo, temos uma filosofia de não impedir a mudança de função de um funcionário dentro da organização se ele tiver organizado todo o processo para realizar essa troca sem comprometer sua missão corrente. Essa mudança respeita a vontade do funcionário, o investimento que o LinkedIn fez nele e o relacionamento dele com a empresa em geral.

COMO CONDUZIR UMA CONVERSA
Conselho para a Gerência

O segredo para ter uma conversa bem-sucedida sobre períodos de trabalho é torná-las sistemáticas, consistentes e transparentes — que, por coincidência, são os mesmos princípios por trás do período de trabalho.

ESTRUTURE A CONVERSA DE ACORDO COM O TIPO DE PERÍODO DE TRABALHO. Prepare-se para uma conversa mais complicada se estiver implementando um período transformador ou fundamental, pois envolve uma aliança personalizada e de longo prazo. Por outro lado, um período rotativo é padronizado e de

88 A ALIANÇA

curto prazo, o que lhe permite seguir um roteiro padrão para a conversa.

O tipo de conversa também dependerá do momento em que as partes se encontram no âmbito geral do relacionamento. Ter uma conversa sobre um período de trabalho durante o processo inicial de contratação é relativamente fácil. O gerente e o funcionário são estranhos um ao outro, então uma negociação clara a respeito dos objetivos a serem definidos por ambas as partes é natural e esperada. Definir um período de acompanhamento quando o período corrente está chegando a um fechamento bem-sucedido também é relativamente fácil, pois é uma situação que envolve uma transição natural. No entanto, convencer funcionários antigos a passar de uma mentalidade independente para cumprir períodos de trabalho é muito mais difícil. Adotar uma abordagem nova e diferente exigirá muita conversa e coerência.

PERCEBA SE HÁ DESEQUILÍBRIO DE PODER. Geralmente, o empregador tem mais poder do que o empregado, mas o oposto pode ser verdadeiro quando envolve mercados de trabalho aquecidos ou funcionários com habilidades altamente valiosas. De qualquer forma, com um desequilíbrio de poder, vem o receio de que a parte mais poderosa abuse desse poder para maximizar o próprio benefício. Se a vantagem é sua, seja proativo e demonstre seu compromisso com uma negociação justa. Se seu funcionário estiver em vantagem e tentar afirmar seu poder, reconheça esse fato quando ele surgir e, em seguida, ajuste o foco da conversa para chegar a um acordo em que todos saiam ganhando.

ESCOLHA AS MELHORES MÉTRICAS PARA MEDIR INDICADORES. Métricas como receita, visualizações na página, satisfação do cliente, entre outras coisas, podem desempenhar um papel poderoso na avaliação de desempenho de um período de trabalho. No modelo de emprego vitalício, o sucesso significava manter o gerente feliz. Essa abordagem não funciona no mundo moderno e extremamente competitivo. O grande teórico da administração, Peter Drucker, explica bem isso: "O que pode ser medido, pode ser gerenciado." Se você gerenciar cuidadosamente os principais indicadores, como o alinhamento da missão, a habilidade do funcionário em reunir informações de rede ou sua satisfação geral durante o período de trabalho, terá êxito em gerenciar indicadores que tomam mais tempo, como a retenção ou o engajamento dos funcionários.

COLOQUE A PERSUASÃO MORAL EM PRÁTICA DE FORMA ÉTICA. A persuasão moral, ao contrário da lei contratual, vincula as partes à aliança. No entanto, você só deve usar essa força quando for justificada por uma violação da aliança. Muitos gerentes tentam persuadir os funcionários a ficarem na empresa. Não torne a escolha de carreira de um funcionário algo pessoal, pois isso pode gerar ressentimento, mesmo se você convencê-lo a ficar. Em vez disso, você pode apelar para os princípios da aliança.

VERIFIQUE REGULARMENTE A EVOLUÇÃO DO PERÍODO DE TRABALHO. Essa não é uma conversa única. Lembre-se de que a confiança é construída pela consistência do relacionamento ao longo do tempo. A maioria dos funcionários passou por muitos modismos gerenciais que surgiram e foram esquecidos sem nenhum poder real de permanência. Demonstre comprometimento com a aliança por meio de atitudes; faça acompanhamentos regulares, tanto formais (os pontos de verificação descritos nas

90 A ALIANÇA

instruções deste capítulo) quanto informais (sempre que aparecer uma oportunidade de uma conversa individual).

ESTABELEÇA UMA BASE DE CONFIANÇA POR MEIO DE ABERTURA E TRANSPARÊNCIA. É importante estruturar a conversa com o tipo de vocabulário que transmite uma natureza aberta e bidirecional de relacionamento. Use palavras como *confiança, transparência* e *aliança*. Outra maneira importante de demonstrar abertura é estar disposto a discutir cenários sobre a possibilidade de o funcionário sair da empresa. Esse tipo de transparência ajuda a construir confiança e reduz o risco de ser pego de surpresa.

ASSEGURE A SEUS COLABORADORES QUE SUA INTENÇÃO NÃO É DEMITI-LOS. Infelizmente, os funcionários foram condicionados a interpretar conversas sobre objetivos e desempenho com seu gerente como sinais precoces de uma demissão iminente. Enfatize que o objetivo da aliança entre as partes é o benefício mútuo e que isso está sendo implementado a todos os funcionários (ou todos os funcionários de uma equipe).

Lembretes Estratégicos

SEJA ORGANIZADO. Explicar a estrutura de um período de trabalho não é uma conversa fácil. Reserve algumas horas e agende uma reunião formal no calendário para essa conversa. Reserve um escritório particular ou uma sala de conferências. Faça anotações detalhadas e incentive o funcionário a fazer suas anotações também. Ao final da conversa, faça um acordo com relação às etapas seguintes e agende um acompanhamento. A entrega final deve ser uma Declaração de Aliança por escrito. (Há um modelo dessa declaração no Apêndice A.)

COMPARTILHE A AGENDA COM ANTECEDÊNCIA. Essa é uma conversa colaborativa, o que significa que você e seu funcionário terão uma conversa mais produtiva se ambos tiverem tempo suficiente para se prepararem. Ou seja, não é uma reunião em que o gerente se prepara e o funcionário precisa ter respostas rápidas. Dê tempo para que ele possa elaborar as próprias ideias e propostas.

SEJA O MAIS DIRETO E ESPECÍFICO POSSÍVEL. O objetivo da estrutura é evitar a imprecisão em relação às metas e aos cronogramas e ser específico. Se você deseja que seu funcionário implemente sua rede de contatos individual, especifique sobre os meios pelos quais ele pode fazer isso e adicione-os ao plano. (Discutiremos as redes com maior profundidade no Capítulo 6.) Se o funcionário disser que quer conhecer determinados tipos de pessoas ou adquirir experiência internacional, explique como e quando isso ocorrerá ao longo de seu período de trabalho.

Mais conteúdo online: Aprenda como ganhar o "Direito à Primeira Conversa" e desenvolver uma expectativa de honestidade ao conversar com funcionários acessando o site: www.theallianceframework.com/ToD. [conteúdo em inglês]

5

Inteligência de Rede do Funcionário

Traga o Mundo para Dentro de sua Empresa

O antigo modelo de emprego vitalício incentivava gerentes e funcionários a olharem para dentro. Os gerentes concentravam--se em tornar os funcionários mais eficientes no cumprimento de sua função, de acordo com sua descrição. Os funcionários, por sua vez, focavam a escalada de sua posição na hierarquia da empresa. No entanto, como esse modelo começou a desmoronar, esse foco interior tornou-se autodestrutivo.

Atualmente, conforme já discutimos, tanto a empresa quanto os funcionários precisam olhar para o ambiente em que operam como um todo, principalmente quando se trata de redes. As empresas precisam entender que o funcionário ocupa mais espaço no setor, enquanto o funcionário deve perceber que sua rede profissional é um dos ativos mais importantes que podem aumentar suas perspectivas de carreira em longo prazo. Ao mesmo tempo, como parte da aliança, o funcionário deve usar a própria rede de contatos individual para crescer aos olhos de seu empregador, pois *quem* ele conhece no setor pode ser tão valioso para a empresa quanto o *conhecimento* dele em termos de habilidades. Portanto, aliança no trabalho significa: *aumentar a rede profissional ajuda os funcionários a transformarem sua carreira; a rede profissional dos funcionários ajuda a empresa a se transformar.*

As redes de funcionários são extremamente valiosas para as empresas como fonte de informação. Como escreveu Bill Gates há mais de uma década: "A melhor maneira de diferenciar sua empresa da concorrência e de distanciar você da multidão é fazer um excelente trabalho com informações. O modo como você coleta, gerencia e usa as informações determinará se vai ganhar ou perder."[1]

A maioria de nós utiliza apenas uma fração das informações disponíveis. Por exemplo, lembre-se da última vez em que você resolveu um problema difícil no trabalho. A primeira resposta que vem à cabeça é... agendar uma reunião. Ou seja, reunir todas as pessoas inteligentes da empresa que possam ter uma resposta. Mas você não pode simplesmente confiar nas informações que circulam no cérebro de seus funcionários. *Há muito mais pessoas inteligentes fora da empresa do que dentro dela.* Em um ecossistema saudável, isso é sempre verdade.

Muitas pessoas em cargos de gerência sênior sabem muito bem disso. Frequentemente, buscam informações sobre os *próprios* amigos do setor para ajudá-los a tomar melhores decisões no trabalho. E é, em parte, por causa desse instinto que foram promovidos a um cargo sênior. No entanto, a gerência sênior também costuma negligenciar seu recurso mais amplo e útil: o conhecimento coletivo e as redes de *todos* os funcionários da empresa, mesmo dos mais jovens.

Pense em cada funcionário como um olheiro, coletando dados do mundo exterior — de artigos, livros, aulas e, o mais importante, de amigos de dentro e fora do setor. Cada funcionário pode receber e decifrar informações do mundo todo que ajudarão a empresa a aumentar sua adaptabilidade. Por exemplo: O que o concorrente está fazendo? Quais são as principais tendências tecnológicas no mercado? O trabalho do gerente é reconhecer e incentivar o poder de cada um desses "olheiros". Quanto maior a rede de uma força de trabalho, mais informações valiosas para a empresa; quando os funcionários compartilham com sua empresa o que aprendem com suas redes, eles ajudam a resolver os principais desafios de seu negócio.

Em poucas palavras, a inteligência de rede que aproveita as redes individuais das pessoas da organização é a maneira mais eficaz de se envolver e aprender com o mundo exterior. Mesmo que você opte por não enfatizar a inteligência de rede como parte da aliança, os funcionários mais motivados construirão suas redes profissionais externas de qualquer maneira. Cabe a você incentivá-los a fazer isso por seus trabalhos.

96 A ALIANÇA

No livro *Comece por você*, escrevemos que o crescimento da carreira de um indivíduo é diretamente proporcional à força de sua rede — chamamos esse princípio de "eu" elevado à potência de "nós" (Eu^{Nós}). A questão que paira sobre empresas e gerentes é conseguir desenvolver confiança suficiente para que os funcionários se disponham a usar as redes *deles* em favor da *empresa*. A boa notícia é que os funcionários de alto desempenho querem fazer isso — de acordo com nossa pesquisa com os leitores da *Harvard Business Review*, mais de 75% dos entrevistados confirmaram usar suas redes individuais para ajudá-los no trabalho.

Portanto, não trate um tuíte no trabalho como uma infração — incentive os funcionários a fazerem isso! Peça a eles que almocem com pessoas interessantes. Ao incentivá-los a investir em suas redes individuais, você constrói um ambiente de confiança e reciprocidade. Assim, quando pedir aos funcionários para utilizarem as próprias redes em favor da empresa, é mais provável que sua resposta seja favorável.

Um programa proativo de inteligência de rede ajuda, ainda, no recrutamento de pessoas. Os empreendedores focam o que vem de fora da empresa — eles precisam fazer isso, pois sabem que não têm os recursos internos nos funcionários atuais. Quer um candidato empreendedor? Facilitar a expansão da rede individual desse candidato faz de você um empregador muito mais atraente.

Embora haja benefícios no foco externo, alguns gerentes simplesmente se sentem mais confortáveis ao permanecer em um território corporativo que lhes é familiar. Eles buscam respostas somente por meio de recursos que conseguem controlar totalmente. Usam o próprio cérebro e o cérebro de seus subordinados diretos e de mais ninguém. Ficam apreensivos com relação a incentivar os funcionários a buscar informações fora da empresa, pois essa conduta pode expor, acidentalmente, segredos e estratégias da empresa a pessoas de fora.

De fato, um "risco" óbvio de incentivar os funcionários a permanecerem conectados a redes externas é que eles podem ser descobertos por potenciais empregadores e seus recrutadores. Essa é uma preocupação legítima. Mas não há como você se beneficiar do mundo exterior sem se expor a ele. Para muitas empresas, a desvantagem potencial da perda de um funcionário é superada pelos benefícios gerados pela inteligência de rede. Basta perguntar ao LinkedIn, que vive essa realidade mais do que qualquer outra empresa na Terra: todos os funcionários do LinkedIn têm perfis públicos no LinkedIn sempre atualizados. Eles são altamente conectados em rede e podem ser facilmente encontrados por recrutadores. Sim, alguns deles saíram da empresa. Mas, antes disso, muitos ajudaram a empresa por meio das conexões que fizeram durante o trabalho.

A inteligência de rede associada à boa vontade de buscar a ajuda de pessoas de fora da empresa são um dos principais fatores para o sucesso do Vale do Silício. Os riscos são mais baixos do que a maioria das pessoas pensa, e os benefícios de olhar para fora da empresa são maiores do que você imagina.

A Inteligência de Rede Gera Dados Ocultos, Serendipidade e Oportunidades

Conforme discutimos, a função mais óbvia da inteligência de rede é conectar uma empresa a fontes de informação externas. As redes dos funcionários atuam como fonte e também filtro para as informações novas.

A primeira função da inteligência de rede é sua capacidade de fornecer acesso a "dados ocultos" — conhecimento que não está disponível publicamente. Na era pré-internet, ler fontes secundárias, como livros de negócios, ou participar de cursos universitários, ajudou profissionais ou empresas a vencer a concorrência. No entanto, agora o Google faz desse tipo de informação pública uma mercadoria. Para ganhar vantagem, você precisa utilizar as redes sociais para acessar as ideias diretamente da cabeça das pessoas. E é esse tipo de informação — atualizada e diferenciada — que oferece as vantagens competitivas mais significativas. Você não as encontrará na edição da manhã do *Wall Street Journal* ou em uma pesquisa rápida no Google. Em uma era totalmente conectada às redes, quem você conhece geralmente é mais valioso do que você leu.

Por exemplo, logo quando surgiu o PayPal, seu maior rival era o Billpoint, um sistema de pagamento que era um empreendimento conjunto entre o eBay — o sócio mais importante do PayPal — e a instituição financeira Wells Fargo. Observe a situação que o PayPal enfrentou: nessa época, a grande maioria dos negócios consistia em lidar com pagamentos de leilões do eBay, mas o próprio eBay tinha um sistema de pagamentos bastante competitivo (o Billpoint), que influenciava todos os usuários do eBay. Para quem estava olhando de fora, as circunstâncias devem ter parecido ameaçadoras.

No entanto, como sabemos, o PayPal teve seu triunfo sobre o Billpoint, o que levou o eBay a comprar o PayPal por mais de US$1,5 bilhão. Um dos principais motivos foi o fato de o PayPal ter utilizado melhor a inteligência de rede. Reid liderou esse esforço de coleta de informações para o PayPal (ele era vice-presidente executivo na época) e pediu a todos os membros da equipe, de executivos a engenheiros individuais, que usassem sua inteligência de rede para descobrir qual era a estratégia do Billpoint. A equipe da Billpoint, por outro lado, ignorou completamente o potencial da inteligência de rede no fornecimento de informações sobre a estratégia do PayPal.

Ao conversar com outras empresas que estavam construindo na plataforma do eBay, como a Honesty.com e a AuctionWatch (atualmente conhecida como Vendio), os funcionários do PayPal descobriram dois fatores importantes. Um deles é que a equipe do Billpoint estava convencida de que o principal fator de sucesso de um sistema de pagamentos pela internet era ter uma instituição financeira a seu lado, a fim de combater a fraude. A equipe de liderança do Billpoint considerou que o relacionamento deles com a Wells Fargo representava uma vantagem esmagadora sobre o PayPal. Outro fator é que, contrariamente à crença do Billpoint, as empresas na plataforma do eBay (e seus clientes) não consideravam o relacionamento com uma instituição financeira tão relevante. Eles atribuíam um valor muito maior à facilidade de

100 A ALIANÇA

uso, especialmente na comunicação via e-mail. A prevenção contra fraudes era um fator higiênico, não uma força motriz. Nenhuma dessas informações era pública, mas também não eram confidenciais.

A inteligência de rede deve ser explorada de maneira ética. Os funcionários do PayPal não usavam disfarces, não enviavam perguntas de contas de e-mail falsas nem vasculhavam as lixeiras do Billpoint. Eles simplesmente confirmaram suas descobertas ao conversar com os gerentes e funcionários do Billpoint e perguntar como eles enxergavam o mercado. Ainda mais incrível é que, durante essas conversas diretas, o pessoal do Billpoint nunca se preocupou em fazer as mesmas perguntas ao pessoal do PayPal. Ou seja, a estratégia do PayPal enfatizou explicitamente a inteligência de rede; já a do Billpoint, não.

A segunda função da inteligência de rede é gerar serendipidade, um dos principais impulsionadores da inovação. O escritor Frans Johansson argumentou que a inovação surge da mistura de diferentes disciplinas e culturas. A maioria das inovações não é original; elas consistem, geralmente, em aplicar uma tecnologia ou uma prática já existente em uma nova área (como aplicar a tecnologia das bolsas de soro, da área de medicina, em tênis para jogar basquete). Quando os funcionários acessam suas redes profissionais e pessoais, eles tendem a obter o feedback de amigos com uma ampla variedade de conhecimento, experiências e áreas de especialização. Como Deborah Ancona, Henrik Bresman e David Caldwell, do MIT, observaram em seu artigo *The X-Factor*: "Quando inovação, adaptação e execução são fundamentais, o sucesso está intimamente ligado à maneira como a equipe interage com pessoas de fora da empresa", pois equipes bem-sucedidas "atravessam fronteiras para moldar redes de contato fechadas, dentro e fora da organização".[2]

Se você estiver em uma sala repleta de vassouras, ser a pessoa mais inteligente não é grande coisa. A inteligência de rede permite expandir a "sala" em que você se encontra para dimensões muito maiores, como de um estádio, por exemplo, ao abranger as grandes e diversificadas redes globais de seus funcionários. Isso o ajudará a resolver problemas mais rapidamente. Melhor ainda, fortalecerá as alianças de emprego em geral. Os funcionários querem criar uma rede de contatos, e os programas e as políticas de inteligência de rede os ajudam a fazer exatamente isso.

A terceira função da inteligência de rede é ajudá-lo a enxergar as oportunidades que, de outra maneira, você não enxergaria. Uma das histórias ocultas por trás do sucesso do PayPal é o papel fundamental da inteligência de rede na descoberta da fórmula do crescimento viral. Depois que a equipe percebeu que o eBay era um dos principais impulsionadores do uso do PayPal, seus membros procuraram outras empresas no ecossistema do eBay em busca de inspiração. Uma dessas empresas, a Honesty.com, tinha descoberto uma maneira de alavancar o crescimento dos vendedores ativos do eBay. Ela disponibilizou um produto, o contador de visualizações; se um vendedor compartilhasse sua credencial do eBay com a Honesty.com, esta poderia adicionar seu contador de visualizações a todos

102 A ALIANÇA

os leilões daquele vendedor. Esse sistema expôs todas as pessoas que deram lances ao produto de um vendedor ao widget de visualizações, incentivando outros vendedores a se inscreverem e a começarem a expor seus compradores à Honesty. com, e assim por diante.

E é bom lembrar que esse insight não veio de Reid ou de qualquer outro executivo sênior; quem pensou na Honesty. com foi um funcionário "comum" da linha de frente. Depois que o PayPal implementou o recurso "Pagar com PayPal", os vendedores começaram a adicionar "Pagar com PayPal" a todos os seus leilões, e o crescimento do PayPal foi exponencial. Ou seja, sem inteligência de rede, a história de sucesso do PayPal poderia ter sido muito diferente. Então vamos explorar ideias específicas sobre como implementar esses tipos de programas.

Mais conteúdo online: Junte-se à conversa e aprenda como outras empresas ajudam seus funcionários a se engajarem com o mundo exterior acessando o site: www.theallianceframework.com/ networkintel. [conteúdo em inglês]

6

Implementando Programas de Rede de Inteligência

Estratégias e Técnicas para Investir em Redes de Funcionários

Determine como prioridade da gerência fazer com que a inteligência de rede flua dentro da empresa por meio de seus funcionários. Mantenha programas específicos para fortalecer a inteligência de rede e ampliá-la, para atrair e reter os melhores funcionários, assim como para administrar os resultados dos negócios. Eis um guia completo para implementar um programa de inteligência de rede individual em sua equipe ou em toda a organização.

1. Recrute Pessoas Conectadas

Ao contratar, tenha como prioridade máxima a força da rede de contatos do candidato. É fundamental, no entanto, definir corretamente o que é uma rede de contatos forte. Existe uma percepção equivocada de que a força de uma rede é proporcional ao número de seguidores que o indivíduo tem nas redes sociais. Em vez de focar números, considere se o candidato está conectado às pessoas certas e se ele tem habilidades reais de acessar essa rede para obter informações úteis ou influenciar outras pessoas a agirem.

Na fase de entrevistas, pergunte aos candidatos sobre seus aliados profissionais mais fortes. Descubra como eles resolvem problemas — costumam pedir ajuda a especialistas de sua rede? Além de recrutar pessoas que já estão imersas nos formatos de inteligência de rede, os gerentes que enfatizam a força da rede enviam uma mensagem firme para todos os funcionários da organização de que essas coisas são importantes.

A necessidade de avaliar a rede é ainda maior ao se contratar um gerente sênior. Quando Reid entrevista um possível candidato à gerência, ele sempre questiona: "Quem são as pessoas que você consideraria contratar imediatamente *depois* de você?" Um candidato forte certamente terá pessoas em sua rede que desejam trabalhar com ele. Na maioria das vezes, Reid procura essas pessoas em seguida, a fim de verificar a referência dada.

Não estamos dizendo que os candidatos precisam ser "criadores de redes de contato profissionais" (no sentido doentio da palavra) ou que mereçam destaque por rapidamente desenvolverem relacionamentos com estranhos. Essa habilidade é um prerrequisito para determinadas funções (como vendas), mas é menos relevante para outras. Estamos apenas dizendo que, se tudo ocorrer conforme o esperado, você aprenderá a medir a força da rede sistematicamente e, também, a contratar pessoas com redes fortes.

2. Ensine aos Funcionários como Extrair Inteligência de suas Redes por meio de Conversas e Mídias Sociais

Muitas empresas, especialmente as públicas, gastam sua preciosa energia na defensiva, tentando impedir que seus funcionários espalhem informações: "Não fale sobre lançamentos iminentes de produtos; não fale sobre estratégia corporativa; peça permissão ao departamento de relações públicas se alguém lhe perguntar sobre o que estamos fazendo como empresa." Essa postura defensiva pressupõe que os funcionários não sabem a diferença entre *não público* e *secreto*.

O mundo dos negócios costuma colocar, com muita frequência, todas as informações não públicas em uma única categoria. Talvez isso se deva à grande diferença que o setor financeiro cria entre informações "públicas" e "privilegiadas". Mas, exceto nesse mundo de permutas e mercados financeiros, as informações não públicas são apresentadas em duas categorias bastante diferentes.

106 A ALIANÇA

Por exemplo, os empreendedores costumam entrar em contato com Chris para pedir conselhos sobre como definir o preço de comércio do software no modelo software como serviço (SaaS). Por meio de seu trabalho com a PBworks e outras startups, ele tem experiência operacional direta no aumento de receitas com a introdução de novas estratégias de preços. Na PBworks, por exemplo, ele conseguiu aumentar o tamanho do maior cliente da empresa de menos de US$100 para quase US$1 milhão ao longo de quatro anos. As recomendações de preços de Chris se baseiam em dados "ocultos", que são informações não públicas, mas ele não revela segredos sobre clientes específicos ou planos futuros. Embora haja pessoas que considerariam essas informações secretas valiosas, o compartilhamento delas certamente é inadequado. O que queremos dizer é que os funcionários podem interagir com sua rede sem nunca revelarem informações secretas.

Incentive seus funcionários a partirem para a ofensiva. Os subordinados diretos devem conversar com as pessoas de sua rede sobre os principais desafios que o grupo está enfrentando. Equipe-os com ferramentas, como perguntas para fazer aos amigos, e solicite a eles que relatem para você o que aprenderam. Eis algumas que gostamos de usar com nossos amigos, mas que se aplicam a todos os setores:

- Como uma tendência tecnológica essencial (por exemplo, o "Big Data") está moldando nosso setor?

- O que as outras empresas (e a concorrência) estão fazendo que está funcionando ou não?

- Quais são os sentimentos de nossos clientes, o que os motiva e como eles mudaram?

- Em nosso setor, quais são as pessoas-chave com as quais devemos nos envolver?

- Quais são as tendências nas formas de contratação em nosso setor?

- Quem são os novos participantes do mercado e quais deles estão fazendo coisas interessantes?

Para facilitar o desenvolvimento de uma boa conversa, perceba se você mesmo é capaz de responder a essas perguntas.

Obviamente, os funcionários devem ser discretos e sempre manter sua integridade. Se um funcionário estiver conversando com um amigo que trabalha em uma concorrente, é melhor orientar essa conversa e direcioná-la a um *terceiro* concorrente, que não seja a empresa dele ou do amigo. Ou, quando um funcionário trouxer informações para dentro da empresa, talvez ele precise torná-las anônimas (dizer "ouvi de um amigo", em vez de "ouvi de Fulano, diretor de produto na empresa X") ou alterar alguns detalhes para proteger a confidencialidade da informação.

Por fim, para garantir que essas informações retornem à empresa, estabeleça um processo de "envio" para encaminhar dicas ou informações dos funcionários à equipe de gerenciamento. Em outras palavras, uma intranet pouco visitada (ou pior, o bloquinho de um funcionário) não deve ser o único repositório de informações. O conhecimento não é valioso, a menos que seja compartilhado. Toda segunda-feira, a empresa de capital de risco de Reid, Greylock Partners, distribui uma lista com o nome de todas as pessoas *de fora da empresa* com as quais cada sócio deve se reunir na semana que está iniciando. Isso permite que o restante dos sócios troquem anotações e sugiram perguntas que possam ser feitas para gerar informações úteis ou conexões valiosas à empresa. Além disso, Reid pede regularmente à equipe de consumidores da Greylock que respondam à pergunta: "Quem foi a pessoa mais interessante com quem você falou esta semana?" De modo menos formal, a empresa de capital de risco Andreessen Horowitz utiliza a inteligência de rede de seu pessoal de uma maneira incomum: no início de cada reunião de sócios, a empresa concede um prêmio de US\$100 pelo melhor boato apresentado, independentemente de ser confirmado ou não.

3. Implemente Programas e Políticas que Ajudem os Funcionários a Criar suas Redes Individuais

Incentive os Funcionários a Usarem as Mídias Sociais e a Ficarem Conhecidos

Você deve querer que seus funcionários fiquem conhecidos no mundo externo à empresa, em um contexto *profissional*. Eles já podem ficar conhecidos de qualquer maneira, graças ao Google e às redes sociais como Facebook, Twitter e LinkedIn; então, você pode incentivá-los a marcarem presença de uma maneira que seja útil para a empresa. Em 2013, quando o CEO Reed Hastings identificou os 170 principais talentos da Netflix, ele descobriu que nove deles não estavam no LinkedIn. Então pediu a cada um deles que criasse uma conta, pois queria garantir que os funcionários da Netflix encontrassem os nós de comunicação apropriados na empresa dele.

Impulsione políticas que permitam aos funcionários criar marcas pessoais e estabelecer liderança de pensamento. Isso não quer dizer que um CEO deva ordenar que todos os funcionários comecem a tuitar; a construção obrigatória de uma marca pessoal irritará o funcionário e parecerá pouco autêntica para o público externo. O compartilhamento de artigos no Facebook a respeito de fofocas sobre celebridades também não deve ser considerado um trabalho legítimo de construção de marca — a menos que essas fofocas tenham um papel fundamental nos negócios da empresa, é claro.

O engajamento nas mídias sociais pode ser convertido em resultados. Por exemplo, um funcionário médio da HubSpot tem 6,2 vezes o número de conexões que o membro médio do LinkedIn, e esses funcionários compartilham, comentam ou curtem atualizações 8 vezes a mais que a taxa média. O fato de seus funcionários estarem desenvolvendo as próprias redes profissionais no LinkedIn paga dividendos à "marca de talentos" da HubSpot. A empresa atrai o dobro de candidatos para oportunidades de emprego que publica no LinkedIn do que o cliente médio do LinkedIn. Ele também tem mais de 50 mil seguidores na página da empresa, sendo que a maioria demonstra estar interessada em saber de oportunidades de emprego na HubSpot.

110 A ALIANÇA

Crie um "Fundo para Pessoas Interessantes" aos seus Funcionários

Uma das técnicas que recomendamos a empreendedores no livro *Comece por você* é manter um "fundo para pessoas interessantes" — um dinheiro destinado a cafés e almoços com pessoas interessantes de sua rede. O equivalente a um "fundo de rede" para os funcionários no mundo corporativo. A maioria das empresas permite que os funcionários paguem almoços de negócios, mas poucas permitem que eles paguem o almoço com amigos de sua rede de contatos. No entanto, quase todos os altos executivos fazem isso o tempo todo, e a empresa se beneficia disso. Você deve não apenas aceitar isso, como também *esperar* que seu pessoal faça isso — para depois relatar à sua equipe o que aprendeu.

O programa *"Learning Meals"*[*], da HubSpot, permite que todos os funcionários levem alguém para almoçar, desde que acreditem que aprenderão alguma coisa com essa pessoa. O fundador e diretor de tecnologia da HubSpot, Dharmesh Shah, desenvolveu essa prática em sua primeira empresa e ainda a emprega atualmente. Quando viaja para diferentes cidades, ele sempre tenta organizar um jantar com outros empresários e pessoas interessantes com quem possa aprender ou trocar conhecimento. "Meu único arrependimento é que não implementamos na HubSpot a política de refeições para aprendizado desde o início", disse Shah. Ele inclusive compartilha um conjunto de dicas e práticas recomendadas para organizar esses jantares (dicas profissionais: escolha restaurantes com boa acústica, limite o tamanho do grupo para 6

---

[*] Refeições de aprendizado, em tradução livre. [N. da T.]

a 8 pessoas e escolha mesas redondas, para que todos possam se olhar).

O LinkedIn tem um programa semelhante, no qual os funcionários podem almoçar com pessoas inteligentes do setor, desde que sintetizem o que aprenderam durante o almoço em seu relatório de despesas — uma mistura óbvia da aliança com os antigos modelos operacionais de RH.

Nenhum desses programas exige muito tempo e esforço; apenas uma política única e uma despesa mínima.

Facilite a seus Funcionários a Apresentação de Palestras

Dê tempo a seu pessoal para assumir papéis de liderança e realizar palestras em associações. Os funcionários que são líderes de pensamento fora da empresa aprimoram a marca da empresa e também sua marca pessoal. Peguemos o exemplo da Moz, uma startup de software de marketing com sede em Seattle que tem diversos programas para incentivar os funcionários a falarem em público. O fundador da Moz, Rand Fishkin nos disse: "Se você conseguir dar uma palestra em um evento, a Moz cobrirá as despesas com a viagem e a acomodação." A startup inclusive oferece aos funcionários a oportunidade de elaborar as próprias palestras. O programa MozCation incentiva os funcionários (os *"mozzers"*) a viajar para lugares exóticos e organizar miniconferências de um dia para usuários do software da Moz.

Organize Eventos no Edifício de sua Empresa

Tente aproveitar as instalações de sua empresa. As empresas maiores, principalmente, deveriam organizar conferências e eventos; isso atrai pessoas de fora para o edifício da empresa e facilita o encontro e o envolvimento dos funcionários da empresa com essas pessoas.

Essa prática também não deve se limitar a eventos formais, que requerem apoio oficial. O simples fato de permitir que os funcionários recebam clubes e associações é uma maneira de incentivar a criação de redes externas e com baixo custo. Recomendamos que qualquer funcionário que organize uma reunião nas instalações da empresa deixe-a aberta a qualquer outro funcionário que queira participar (o que, com sorte, facilita ainda mais novos relacionamentos).

No LinkedIn, qualquer funcionário pode usar qualquer sala, espaço ou instalação no edifício corporativo para reunir qualquer grupo externo. Por exemplo, grupos variados, desde grupos LGBT a um clube Toastmasters local, usaram as instalações do LinkedIn para organizar reuniões de sua associação. O LinkedIn também realiza de 3 a 4 eventos do setor em seus escritórios todos os meses.

4. Faça com que os Funcionários Compartilhem com a Empresa o que Aprendem

Se você não está colhendo informações a respeito do que os funcionários aprendem em suas redes e trazendo esse conhecimento de volta à empresa para ajudar a solucionar problemas, é como se estivesse viajando milhões de quilômetros por ano sem se preocupar em anexar o número de seu programa de milhagem às reservas. A informação está disponível, mas você precisa acessá-la. Se um funcionário levar alguém interessante para tomar um café ou participar de uma conferência, tenha um plano para "escalar" esse aprendizado. Os funcionários podem compartilhar as lições aprendidas em formulários que variam de um simples e-mail a apresentações completas.

Não deve ser difícil encaixar essas sessões no procedimento operacional padrão de sua empresa ou equipe. Olivier Cardon, ex-CEO da empresa britânica de luxo Linley, descreve como sua empresa lidava com isso: "Cada designer tinha um período do dia livre por semana — geralmente sexta-feira à tarde — para pesquisar sobre o que quer que fosse, desde que estivesse remotamente ligado ao que a empresa estava fazendo. Todos os meses, cada um apresentava os resultados de suas pesquisas a seus colegas designers, a mim e a qualquer outra pessoa na empresa que quisesse participar." Esse programa não apenas ajudou os designers a construírem suas redes individuais, mas também garantiu que os insights que eles tinham durante as pesquisas se espalhassem por toda a empresa.

Cardon relata que esse programa ajudou a Linley a reter dois designers autônomos talentosos, que, de outra forma, provavelmente teriam saído da empresa. Também ajudou a empresa a descobrir produtos exclusivos e inovadores. Por exemplo, um dos designers da empresa era um entusiasta do skate e trabalhou em conjunto com um amigo do ramo de skate para pesquisar técnicas de fabricação. O resultado desse trabalho foi a primeira linha de produtos no ramo de artigos de luxo a incorporar materiais de skate para durabilidade e acabamento.

Enquanto a Linley fez da inteligência de rede uma prioridade em toda a empresa, mesmo sendo um gerente individual, você pode aplicar essas técnicas em grupos e equipes menores, para obter benefícios semelhantes.

Na Prática: Como o LinkedIn Utiliza a Inteligência de Rede

Desde o princípio, Reid incorporou a inteligência de rede à cultura do LinkedIn. No início, ele montou o modelo de comportamento que queria incentivar. Por exemplo, ele se certificou de fazer anotações durante reuniões externas e, depois, relatar as descobertas à sua equipe no LinkedIn. Esse "fechamento de ciclo" serviu para dois propósitos. Primeiro, ajudou a equipe do LinkedIn a conhecer o ambiente competitivo da empresa. Reid era amigo de Mark Pincus e Jonathan Abrams, fundadores da

Implementando Programas de Rede de Inteligência 115

Tribe e da Friendster, respectivamente. Como o LinkedIn não competia com nenhuma dessas redes, Reid conseguiu trazer informações úteis a respeito do setor de redes sociais como um todo. Reid tinha contato direto com os principais empreendedores e tecnólogos envolvidos na tendência que ficou conhecida como Web 2.0. Segundo, as ações de Reid e o tempo e a energia que ele dedicou para deixar sua equipe a par de toda sua descoberta demonstraram a importância que ele atribuiu à empresa ao atuar como um olheiro para ela. Funcionários antigos seguiram sua liderança, que era a principal fonte de dados ocultos. A inteligência de rede ajudou o LinkedIn a se concentrar nos principais problemas e a aprender rapidamente as lições passadas por outras empresas.

Com o crescimento da empresa, foram criados programas para tornar a inteligência de rede parte integrante e escalável de suas operações. Quando os funcionários voltam de uma conferência, por exemplo, eles são convidados a organizar um almoço de aprendizado (*"Lunch in Learn"*), para compartilhar com seus colegas o que aprenderam. Se não for possível reunir todos os funcionários ou a reunião não alcançar a todos, eles podem se conectar ao LearnIn, o portal de aprendizado interno da empresa, e publicar suas ideias na intranet, para que todos os outros funcionários tenham acesso. Reid ainda participa desse processo e costuma levar os principais líderes do setor, como Marc Andreessen e Arianna Huffington, ao edifício corporativo para compartilhar suas ideias com a empresa.

COMO CONDUZIR UMA CONVERSA
Conselho para a Gerência

A inteligência de rede precisa ser um dos tópicos da conversa sobre a aliança com um funcionário e seu período de trabalho. Quanto ao período de trabalho, você deve definir expectativas claras sobre como as duas partes investirão e se beneficiarão da inteligência de rede. Por exemplo, você pode dizer ao funcionário: "Nós lhe daremos tempo para criar sua rede e pagaremos para você participar de eventos em que possa estendê-la. Em troca, pedimos que tire proveito dessa rede para seu trabalho — implemente a inteligência de sua rede para ajudar você e a empresa a cumprir sua missão." Eis alguns conselhos detalhados sobre como ter essa conversa.

SELECIONE ARGUMENTOS PARA PROVAR QUE A INTELIGÊNCIA DE REDE É IMPORTANTE PARA EMPREGADOR E EMPREGADO. Os funcionários entendem facilmente por que ter uma rede é bom para suas perspectivas de carreira; seu trabalho é demonstrar como ela é importante e benéfica para as duas partes da aliança. Lembre-se dos fundamentos da aliança: *a empresa ajuda o funcionário a transformar sua carreira; o funcionário ajuda a empresa a se transformar e a se tornar mais adaptável.*

Muitos funcionários começam a se sentir culpados ou entram em conflito quando vão a conferências ou a happy hours com sua rede de contatos. Você precisa deixar claro que a empresa não apoia as redes como um benefício apenas para os funcionários, mas como um benefício mútuo, para ele e para a empresa.

Implementando Programas de Rede de Inteligência **117**

EXPLIQUE PESSOALMENTE OS PROGRAMAS DA EMPRESA. Infelizmente, os funcionários costumam quebrar políticas corporativas muito mais frequentemente do que respeitá-las. Por isso, muitas vezes eles relutam em tirar proveito de coisas como almoçar com amigos, mesmo que isso seja permitido e esteja escrito no manual do funcionário. Você deve incentivar seus funcionários a aceitarem essas ofertas da empresa ao fazer o mesmo e dar o exemplo, assim como Reid fez no início do LinkedIn.

MODELE O USO ADEQUADO DE REDES INDIVIDUAIS. Um elemento crucial da inteligência de rede é compartilhar o que aprendemos com os colegas do escritório. Você deve iniciar a conversa sobre inteligência de rede citando um problema específico que enfrentou no trabalho e como utilizou sua rede para ajudá-lo a resolver esse problema. Isso ajuda a estabelecer regras e fornece instruções práticas.

SOLICITE A TODOS OS COLABORADORES QUE FORNEÇAM UMA LISTA COM O NOME DAS PESSOAS MAIS INTELIGENTES QUE ELES CONHECEM E QUE NÃO TRABALHAM NA EMPRESA. Eis uma técnica simples para usar na próxima reunião de trabalho da empresa ou de sua equipe. Solicite a cada funcionário da equipe que faça uma lista das três pessoas mais inteligentes que eles conhecem. Essa lista pode ajudar a empresa de diversas maneiras, como identificar especialistas que podem ser chamados para realizar cursos e palestras para os funcionários e, ainda, identificar os recursos possíveis para ajudar na solução de problemas. O funcionário também se beneficia com esse programa, pois tem a chance de fortalecer um relacionamento valioso por meio da oferta de excelentes oportunidades, como palestras e consultoria.

118 A ALIANÇA

Mais conteúdo online: Aprenda técnicas e dicas específicas que ajudarão seus funcionários a usar o LinkedIn e outras plataformas sociais para reunir e construir uma rede de inteligência acessando o site: www.theallianceframework.com/ networkintel. [conteúdo em inglês]

7

Redes Corporativas de Ex-Funcionários

Os Benefícios Mútuos da Aliança ao Longo da Vida

LinkedIn. Tesla. YouTube. Yelp. Yammer. SpaceX. O que todas essas empresas têm em comum?

Elas não são apenas exemplos de inovação e enorme sucesso financeiro. Todas foram fundadas por ex-funcionários de uma única empresa: o PayPal.

A era do emprego vitalício pode ter terminado, mas um relacionamento vitalício continua sendo muito importante e, como os ex-funcionários do PayPal sabem melhor do que ninguém, pode se tornar extremamente valioso. Diferentemente

120 A ALIANÇA

do modelo de trabalho autônomo, a aliança pode e deve persistir mesmo após o último período de trabalho de um funcionário. Geralmente, a empresa e o funcionário não conseguem obter o máximo possível de um relacionamento corporativo forte com ex-funcionários. Como você verá, apesar das evidências de uma demanda reprimida por relacionamentos mais fortes com ex-funcionários, poucas empresas têm boas estratégias para ajudar a manter um relacionamento com eles. Por outro lado, pouquíssimos ex-funcionários percebem quão útil um ex-empregador pode ser para sua carreira.

Estabelecer uma rede corporativa de ex-funcionários requer relativamente pouco investimento e é a atitude mais lógica para manter uma relação de confiança, investimento e benefício mútuos em uma época em que o emprego vitalício não é mais a regra.

Empresas e funcionários se beneficiam com a continuidade da aliança. Quando uma empresa está prosperando, seus ex-funcionários também ficam com uma boa imagem. Por exemplo, quando a Apple estava passando por dificuldades, ninguém queria contratar ex-funcionários da empresa. Atualmente, os ex-funcionários da Apple são muito procurados, mesmo aqueles que, assim como Reid, trabalharam lá antes do retorno triunfante de Steve Jobs, em 1997. O mesmo acontece quando os ex-funcionários de uma empresa prosperam profissionalmente; essa rede se torna um ativo valioso que ajuda a empresa. Por exemplo, grande parte do brilho e dos negócios da McKinsey provêm de sua poderosa rede de ex-funcionários, que fornece inteligência de rede, referências de candidatos e, até mesmo, vendas.

Para maximizar os benefícios de uma rede corporativa de ex-funcionários, a empresa deve deixar claro o valor bidirecional que ambas as partes obtêm desse bom relacionamento. Felizmente, essa não é uma tarefa difícil. Os funcionários sempre procuram manter um bom relacionamento como ex-funcionários. O LinkedIn (o serviço) hospeda, atualmente, mais de 118 mil grupos corporativos de ex-funcionários, incluindo 98% da *Fortune* 500. Surpreendentemente, a maioria desses grupos de ex-funcionários tem pouco ou nenhum relacionamento com as empresas em que trabalhavam.

Na verdade, a maioria das redes de ex-funcionários existentes é administrada de forma completamente independente da empresa. Um estudo da Universidade de Twente, na Holanda, mostrou que, enquanto apenas 15% das empresas pesquisadas tinham redes de ex-funcionários organizadas de maneira formal, outros 67% tinham grupos de ex-funcionários informais, organizados de maneira independente por seus funcionários.[1] Reflita sobre isso: os ex-funcionários querem tanto estar conectados que gastam o *próprio* tempo e dinheiro para estabelecer essas redes.

Grupos informais podem se tornar bastante elaborados. A rede de ex-funcionários da Procter & Gamble é completamente independente da empresa. Apesar de ter sido estabelecida apenas em 2001, atualmente ela tem mais de 25 mil membros, além de uma fundação de caridade e uma agência de palestrantes.[2] Essas redes informais de ex-funcionários representam uma oportunidade enorme (e, muitas vezes, perdida) para as empresas. A maioria desses grupos se concentra em ajudar os ex-funcionários a se ajudarem, em vez de manter o relacionamento dos membros com a empresa em que trabalharam anteriormente. Essa abordagem pode criar algum valor para os ex-funcionários, mas muito pouco para as empresas.

Quando uma empresa realmente contribui para sua rede de ex-funcionários, o valor de ambas as partes pode ser aumentado. Então, por que mais empresas não fazem isso? Vamos começar pela análise dos dois setores que compreendem o maior valor de ex-funcionários: empresas de serviços especializados e universidades.

A Questão Central é o ROI

As empresas de serviços especializados têm padrão-ouro nas redes de ex-funcionários corporativos. A McKinsey & Company opera um programa oficial desde a década de 1960, o qual teve um aumento no número de membros para mais de 24 mil.[3] A Bain & Company tem nove funcionários que trabalham em período integral para liderar iniciativas de rede corporativa de ex-funcionários. Seis deles trabalham em período integral na rede da Bain Executive, que ajuda a realocar ex-funcionários em cargos executivos por meio de uma lista de clientes da Bain e de outras empresas e, ainda, fornece serviços gerais de aconselhamento de carreira. O Boston Consulting Group, a PricewaterhouseCoopers, a Deloitte e seus pares adotam práticas semelhantes.

Talvez as únicas organizações que investem mais em seus ex-funcionários sejam faculdades e universidades, que têm milhares de funcionários trabalhando na impressão de revistas, na organização de eventos que reúnem ex-alunos, passeios e muito

Redes Corporativas de Ex-Funcionários **123**

mais. A *alma mater* é um dos aspectos mais fortes de sua identidade pessoal e profissional para muitos graduados.

O que empresas de serviços especializados e universidades têm em comum é que seus ex-funcionários e seus ex-alunos geram receita direta, facilitando o processo de investimento. Os ex-funcionários de empresas de serviços especializados costumam encaminhar novos clientes para a empresa ou contratá-las, quando passam a exercer um cargo executivo. Já os ex-alunos de faculdades e universidades doam grandes somas de dinheiro diretamente para a universidade, além de contribuírem indiretamente com receitas por meio de itens como vendas de ingressos e de vestuário.

Na maioria dos outros setores, os benefícios de administrar uma rede de ex-funcionários são incertos e aleatórios; portanto, as empresas ignoram essa oportunidade. Quando você lança uma linha nova de produtos, é fácil quantificar as vendas adicionais. Já quando você estabelece uma rede de ex-funcionários, é difícil medir o retorno exato, uma vez que pode não haver nenhum durante anos. Assim como a incerteza não significa risco, a imprevisibilidade não significa um baixo valor.

Se mais empresas estudassem como funcionam as redes corporativas de ex-funcionários, veriam que os custos de investimento nessas pessoas são muito menores do que eles poderiam imaginar e, também, que os retornos são muito maiores. Por isso, criar e manter redes de ex-funcionários é uma proposta convincente e um elemento-chave da aliança.

Quatro Razões para Investir em uma Rede de Ex-funcionários

A Rede de Ex-funcionários o Ajuda a Contratar Pessoas Excelentes

A primeira maneira de uma rede de ex-funcionários ajudar em uma contratação é facilitar a volta de funcionários "bumerangue" a outro período de trabalho após uma ausência da empresa. Os funcionários bumerangue são, de uma maneira singular, muito valiosos, pois oferecem uma perspectiva externa combinada com seu conhecimento de processos internos da empresa e de sua cultura. Um ex-funcionário estará mais interessado em retornar para a empresa se ela permanecer em contato e mantiver um relacionamento nesse meio-tempo. Como diz o ditado, cave o poço antes de ficar com sede. Por exemplo, o Conselho de Administração da empresa relata que a implantação de uma rede de ex-funcionários da empresa CEB (adquirida pela Gartner em 2017) dobrou a taxa de recontratação da empresa em dois anos.

A Chevron deu um passo adiante ao estabelecer o programa Bridges. Os ex-funcionários da empresa podem se candidatar a atribuições com contratos específicos. É óbvio que todos saem ganhando. Os ex-funcionários ganham oportunidades de realizar consultorias que podem se transformar em trabalhos de período integral; a Chevron, por sua vez, ganha um potencial rol de consultores altamente qualificados que sabemos resultar em um bom ajuste cultural.[4]

Os ex-funcionários também podem indicar ótimos candidatos a vagas na empresa. Em virtude do custo que se tem com recrutadores profissionais e do valor de um candidato aprovado, solicitar referências a ex-funcionários é ser uma prática recomendada. Por exemplo, empresas que vão da consultoria Deloitte à gigante das folhas de pagamento ADP oferecem bônus em dinheiro a ex-funcionários corporativos que encaminham candidatos bem-sucedidos. Além de simples indicações, os ex-funcionários corporativos podem ajudar a verificar referências e julgar qual é o mais adequado à cultura, mesmo quando não o tenham indicado diretamente.

Enfim, a própria presença de uma rede corporativa de ex-funcionários implementada corretamente pode ajudar um empregador a recrutar excelentes candidatos. Os candidatos não precisam adivinhar como será o trabalho em um ou mais períodos de trabalho; em vez disso, podem simplesmente usar o exemplo de ex-funcionários para ter uma ideia se gostariam ou não do trabalho. O fato de os ex-funcionários da McKinsey terem liderado centenas de empresas de bilhões de dólares ajuda a ilustrar os benefícios de ingressar na empresa.[5] Se a McKinsey recorda esse fato aos possíveis empregados? Claro que sim.

Recrutar pessoas excelentes custa caro. Uma rede de ex-funcionários que gera apenas algumas contratações por ano chega facilmente a um custo de seis dígitos somente no valor de contratação.

Ex-funcionários Fornecem Inteligência Útil

Os ex-funcionários são uma excelente fonte de inteligência de rede — de informações competitivas, práticas comerciais eficazes, tendências emergentes do setor e muito mais. Além de terem experiências fora da empresa que os atuais funcionários não têm, eles também entendem como a organização funciona.

A simples realização de pesquisas regulares de ex-funcionários, utilizando um padrão de perguntas, ajuda a obter informações importantes: como a empresa é vista como empregadora, em sua inteligência competitiva e tendências do setor, além de indicações para clientes em potencial. No LinkedIn, relatórios e rumores a respeito de tecnologias emergentes, como o WhatsApp, são levados mais a sério quando provêm de ex-funcionários do que quando provêm de comentários de pessoas aleatórias.

Por fim, os ex-funcionários fornecem uma perspectiva externa à empresa que é bastante necessária. As empresas acham fácil demais aceitar sua própria versão da história sem questionar nada; os ex-funcionários podem ter tanto a objetividade necessária quanto o respeito e a confiança da empresa para serem ouvidos quando falam algumas verdades incômodas. Por exemplo, um ex-funcionário que testa a versão beta de um novo produto tem mais chances de oferecer um feedback honesto do que um funcionário atual.

Ex-funcionários Indicam Clientes

Os ex-funcionários podem se tornar clientes ou indicar clientes, especialmente quando são incentivados a fazer isso. Implementar programas formais de incentivo para ex-funcionários pode ser um processo burocrático — nenhum software de finanças inclui um módulo pronto de "bônus de ex-funcionário" para uso da empresa. No entanto, o programa pode ser de grande valia, e emitir ganhos exclusivos é uma maneira fácil de começar.

As empresas que adotam o modelo de negócios business to business (B2B) e business to consumer (B2C)*, geralmente adotam abordagens diferentes. Um único cliente B2B pode representar milhões em receita (lembra-se dos ex-CEOs da McKinsey que contrataram suas antigas empresas?), enquanto um único cliente B2C pode valer uma quantia menor em dólares. As empresas B2B devem incentivar a introdução direta de clientes, enquanto as empresas B2C devem concentrar-se em incentivar influenciadores.

Ex-funcionários são Embaixadores da Marca

A marca de sua empresa não está mais totalmente sob seu controle. Gastar dinheiro com campanhas publicitárias pode aumentar a conscientização, mas o burburinho surge do interesse popular, especialmente nas mídias sociais. Uma

---

* Também conhecidos como "empresa para empresa" e "empresa para consumidor", respectivamente. [N. da T.]

128 A ALIANÇA

rede corporativa de ex-funcionários pode ajudar nesse sentido, principalmente se estiverem em maior número do que os atuais funcionários de uma empresa. Eles também têm a vantagem de serem terceiros e, portanto, tendem a ser mais objetivos, pois não estão recebendo um salário para tuitar. Quando promovem um produto ou uma iniciativa nas mídias sociais ou respondem aos tuítes de clientes ou clientes em potencial, os ex-funcionários têm a credibilidade que os atuais funcionários simplesmente não conseguem copiar.

Resumindo, quanto mais uma rede corporativa de ex-funcionários fortalece a marca da empresa, mais fácil se torna usar essa rede para influenciar para novas contratações, inteligência de rede e referências de clientes.

Mas o "R", ou retorno, de uma rede corporativa de ex-funcionários é apenas a metade da equação do valor do ROI. Vamos explorar o "I" de investimento.

Três Níveis de Investimento em Redes de Ex-funcionários

O investimento que uma empresa faz em sua rede de ex-funcionários é contínuo, vai do nível mais baixo até o mais alto. O nível certo para sua empresa dependerá de circunstâncias específicas.

1. IGNORE. Se a sede geral de sua empresa estiver alocada no mesmo lugar em que seu cônjuge estaciona seu Prius à noite, provavelmente é muito cedo, considerando a vida útil de sua startup, para começar a investir em uma rede de ex-funcionários. Mas, quando os ex-funcionários de sua empresa estiverem na casa das dezenas e das centenas, ignorar esse investimento significa perder uma grande oportunidade. Lembre-se de que um grupo informal é voltado para o benefício de seus moderadores — a empresa não tem impacto ou controle dos retornos para si mesma.

2. APOIE. Esse nível envolve criar uma conexão direta com os organizadores da rede de ex-funcionários para dar apoio informal, em grande parte *ad hoc* (destinado a essa finalidade). Isso é simples, basta perguntar: "O que podemos fazer por vocês?" Exemplos de suporte barato incluem a manutenção de listas de discussão, o pagamento de pizzas em reuniões de ex-funcionários e o apoio a seus esforços independentes. Praticamente todas as empresas devem apoiar seus ex-funcionários, pois manter um relacionamento contínuo custa pouco e tem um retorno incrível. A Accenture é um ótimo exemplo de como um pequeno investimento pode trazer grandes benefícios. O grupo de consultoria do LinkedIn tem mais de 31 mil membros que optam por receber atualizações e informações de carreira da empresa e, mais importante, que optam por conversar entre si.[6] Graças ao envolvimento de seus ex-funcionários, a Accenture economizou quantias significativas em recrutamento ao contratar mais talentos "bumerangue".

3. INVISTA. Esse nível envolve o fornecimento de infraestrutura e benefícios sistemáticos aos ex-funcionários de maneira formal. Essas empresas geralmente administram diretamente a rede de ex-funcionários oficial, têm uma equipe dedicada (em período integral ou parcial) à manutenção da rede, oferece

130 A ALIANÇA

benefícios aos ex-funcionários, como desconto nas lojas de funcionários, e se coordenam com o restante da base de funcionários da empresa para colaborar na coleta de inteligência de rede de ex-funcionários. Embora esse nível de investimento tenha custos reais, as empresas que realmente querem incorporar ex-funcionários em processos e iniciativas importantes precisam desse tipo de rigor para receberem os benefícios associados.

A Harvard Business School, por exemplo, recrutou Chris para administrar uma associação de ex-funcionários da indústria de alta tecnologia para graduados na própria HBS. Eles identificaram a necessidade, procuraram um candidato e, então, investiram em seus esforços. Esse investimento incluiu o fornecimento de infraestrutura online para a administração da associação, bem como o convite de seus dirigentes para participar da conferência anual de todos as associações de ex-alunos da HBS.

O eBay adota o modelo Invest. Por exemplo, eles organizam e patrocinam eventos de ex-funcionários, imitando, de maneira clara, o modelo das reuniões de faculdade. Como o CEO John Donahoe nos disse: "Organizaremos um jantar para cerca de cem pessoas da 'Classe de 2004' — as pessoas que formaram uma equipe naquele ano especificamente. Pedimos que as pessoas liguem para seus colegas e os convençam a comparecer. É uma ótima oportunidade para refletir sobre as experiências compartilhadas e reavivar o vínculo que criaram com o eBay durante seu período de trabalho."

Na Prática: A Rede Corporativa de Ex-funcionários do LinkedIn

Como a maioria das startups, o LinkedIn não estabeleceu uma rede de ex-funcionários imediatamente. Como uma startup de alto crescimento, tinha pouco tempo de sobra para outra coisa senão a construção do negócio em si. Graças aos anos de rápido crescimento, seus poucos ex-funcionários foram superados, em número, pelos atuais funcionários.

No entanto, com o amadurecimento da empresa e à medida que o número de ex-funcionários aumentou, ficou evidente que estabelecer uma rede formal de ex-funcionários seria um bom investimento em longo prazo. Em virtude do crescimento da empresa, a administração esperava que o número de ex-funcionários se expandisse rapidamente nos cinco anos seguintes. Fazia sentido, portanto, criar a rede de ex-funcionários antes que essa expansão ocorresse. Com isso, a empresa deixou um pouco de lado o grupo informal de ex-funcionários que surgiu de forma natural para realmente investir em uma rede de ex-funcionários oficial.

No final de 2013, o LinkedIn estabeleceu uma rede oficial de ex-funcionários para dar continuidade à sua aliança com mais de mil ex-funcionários. A empresa decidiu ser inclusiva — afinal, seu modelo de negócios é baseado no poder das redes —, o que significava que todos os ex-funcionários com boa reputação eram convidados a participar. Há um grupo da rede de ex-funcionários no LinkedIn (o serviço). Um funcionário do departamento de RH do LinkedIn publica notícias

132 A ALIANÇA

sobre a empresa nesse grupo (notícias que são redirecionadas de um e-mail interno da equipe de comunicação da empresa; portanto, requerem pouco esforço adicional). O moderador trabalha com gerentes operacionais para propagar ao grupo perguntas que podem ser bastante úteis, como: "Alguém ouviu algo interessante a respeito do novo telefone do Google?" ou "Do que as pessoas precisam para serem bem-sucedidas em seus empregos atuais?"

Periodicamente (até uma vez por trimestre), todos os ex-funcionários que fazem parte do grupo do LinkedIn recebem um e-mail com um resumo das atualizações da empresa, notícias sobre ex-funcionários e um link para uma pesquisa, com perguntas como: "Dos novos aplicativos de celular, qual é seu favorito? Quem devemos escolher para se tornar o novo membro da plataforma do LinkedIn?"

Para incentivar a participação e transmitir a força da aliança, o LinkedIn oferece uma variedade de brindes aos ex-funcionários. Cada um recebe uma assinatura premium gratuita do LinkedIn (o serviço). Se indicarem consumidores ou candidatos que posteriormente são contratados, eles recebem presentes especiais e notas pessoais.

Além do grupo geral, a empresa mantém uma rede somente para convidados para seus ex-funcionários mais valiosos e distintos. Isso permite que o LinkedIn e esses ex-funcionários invistam mais (e tirem mais proveito) no relacionamento com ex-funcionários do que seria possível ou desejável para a equipe de funcionários em geral. Os membros da equipe executiva selecionam pessoas nesse grupo seleto com base em suas contribuições para a empresa como funcionários, como ex-funcionários ou com base em suas realizações no setor em que trabalharam ao longo de sua carreira. Para esses ex-funcionários ilustres, o LinkedIn oferece convites especiais para eventos na empresa, como para o julgamento nos *hackathons*, ou para participar de bate-papos junto à lareira junto com Reid e seus convidados externos, como Sheryl Sandberg, do Facebook, e Matt Mullenweg, criador do WordPress.

Juntos, esses programas corporativos de ex-funcionários têm um custo adicional muito baixo para o LinkedIn. Conforme observado, grande parte do conteúdo é redirecionada de iniciativas já existentes, e os poucos custos diretos, como presentes para indicações de candidatos ou inteligência de rede, são mínimos se comparados a alternativas como pagamento de taxas de recrutamento ou contratação de consultores e analistas externos.

Sua rede corporativa de ex-funcionários é um foco potencial de lucro, e não apenas um custo de item de linha. E é um poderoso sinal de que você adota a nova aliança de emprego. Portanto, faça uma lista de todos os seus ex-funcionários — se você não tem uma rede corporativa de ex-funcionários, considere-os como recursos abandonados. O emprego vitalício pode ter acabado, mas um relacionamento valioso e vitalício com funcionários talentosos pode e deve continuar existindo.

134 A ALIANÇA

Mais conteúdo online: Aprenda como outras empresas constroem suas redes de ex-funcionários e participe da conversa acessando o site: www.theallianceframework.com/alumni [conteúdo em inglês]

8

Implementando uma Rede de Ex-Funcionários

Estratégias e Técnicas para a Criação de uma Rede Corporativa de Ex-funcionários

Eis um guia passo a passo para iniciar e alavancar uma rede corporativa de ex-funcionários para sua empresa — para um único departamento ou para toda a empresa.

1. Decida Quem Você Quer Incluir em sua Rede de Ex-funcionários

A maneira mais simples de estabelecer uma rede de ex-funcionários é incluir todos os ex-funcionários — os talentos,

136 A ALIANÇA

a classe média corporativa e os funcionários mais juniores. Exclua aqueles que tiverem alguma ação judicial pendente, ou algo equivalente contra o funcionário ou sua empresa atual. Exclua funcionários demitidos por justa causa (como por assédio sexual ou roubo). Talvez você deva excluir, também, prestadores de serviço e estagiários, dependendo do caso.

A ampla participação pode dar margem para situações complicadas. E se um funcionário for trabalhar para um concorrente? E se um funcionário for má influência para o grupo de ex-funcionários? Ou roubar um talento da empresa para seu novo empregador? Ou falar mal da empresa para a imprensa após ter saído do emprego? Será importante ter a liberdade de "demitir" determinadas pessoas da rede de ex-funcionários se o comportamento delas for inadequado.

Estabelecer um grupo de ex-funcionários "distintos" é uma solução mais clara e de longo prazo para esses dilemas. A empresa pode obter mais detalhes sobre quem está envolvido e sobre os benefícios que estão sendo oferecidos. Isso permite que o gerente forneça um nível mais alto de serviço a seus ex-talentos leais em troca de um nível mais alto de envolvimento. É provável que essas pessoas continuem adquirindo grandes feitos e que se tornem destaques nas próprias redes, o que pode ser bastante valioso para os negócios. Além disso, a ameaça de perder esses benefícios "distintos" serve como um obstáculo para desencorajar o mau comportamento.

2. Defina Claramente as Expectativas e os Benefícios do Relacionamento

O relacionamento entre ex-funcionários, assim como o restante da aliança de emprego, precisa ser recíproco. Para obter benefícios de seus ex-funcionários, a empresa precisa lhes oferecer benefícios reais em troca.

Alguns dos programas mais usados para premiar e envolver ex-funcionários incluem:

Bônus por indicação: Se a contratação de bons funcionários é tão importante, por que não facilitar esse caminho? Poste vagas em aberto em uma lista de e-mail de ex-funcionários e lhes ofereça bônus por indicação.

Descontos em produtos e acesso à lista de permissões: Os ex-funcionários da Microsoft recebem um desconto de funcionários de até 90% na loja da empresa Microsoft.[1] Às vezes, o LinkedIn adiciona alguns ex-funcionários à "lista de permissões" beta de um produto, concedendo-lhes acesso antecipado a determinados produtos. São benefícios para os ex-funcionários e oportunidades para a empresa solicitar feedbacks construtivos sobre os produtos de fontes informadas e mais objetivas.

138 A ALIANÇA

Promoção de eventos: Promover eventos permite que as empresas se beneficiem da mágica interação frente a frente, para fortalecer o relacionamento com os ex-funcionários. Há uma razão pela qual as faculdades e universidades realizam reuniões de ex-alunos regularmente — são os principais incentivadores do envolvimento entre eles e, consequentemente, de doações por parte deles. Implementar essa troca por meio de eventos de ex-funcionários é uma atitude bastante honesta. Também existem opções criativas, como convidar os ex-funcionários para o evento anual da empresa ou outros eventos em sua sede.

Reconhecimento oficial para ex-funcionários selecionados: As empresas devem considerar seguir o exemplo das melhores práticas de empresas voltadas para o consumidor, como Amazon, eBay e Yelp, que premiam seus principais avaliadores, vendedores e membros de elite, respectivamente, com emblemas publicamente visíveis. As faculdades também empregam essa prática ao oferecerem honras e distinções a seus ex-alunos. Uma empresa poderia reconhecer oficialmente ex-funcionários distintos e permitir que eles conversassem sobre sua participação nesse grupo de elite. Certamente, algumas empresas podem se sentir desconfortáveis ao favorecer determinados ex-funcionários oficialmente; você precisa decidir se os benefícios superarão os custos desse favoritismo, assim como acontece com qualquer recompensa ou reconhecimento público.

Manter os ex-funcionários informados: Manter os ex-funcionários informados não é apenas bom para eles, mas também é bom para a empresa. Quanto melhor os ex-funcionários entenderem as circunstâncias atuais da empresa, mais práticas serão as ideias e a assistência fornecidas por eles. A Microsoft é um exemplo; a empresa fornece acesso antecipado ao software "beta" a seus ex-funcionários. Aqueles que descobrem fatos desagradáveis sobre a empresa por meio da imprensa e não da própria empresa encaram isso — e com razão — como um rompimento da aliança entre as duas partes.

3. Estabeleça um Processo Abrangente de Saída

Não reforçar o relacionamento vitalício com um funcionário durante a entrevista demissional é como montar um estande em uma feira e não coletar cartões de visita das pessoas que passam por ele — é uma enorme perda de oportunidade. A empresa gastou tempo e energia significativos para construir um ótimo relacionamento — por que desperdiçá-lo? Primeiramente, no momento em que o funcionário sair da empresa, decida se ele é um bom candidato a ser convidado para participar da rede de ex-funcionários distintos. Em seguida, colete as

140 A ALIANÇA

informações necessárias para que a empresa mantenha um relacionamento de longo prazo com ele. Isso inclui informações de contato, conhecimentos adquiridos e onde ele pode ser útil no futuro. Com o fim do emprego vitalício, as empresas perderam um pouco a capacidade de manter um relacionamento pessoal com seus ex-funcionários; por isso, você deve criar uma conexão corporativa e também pessoal com eles. A empresa, ou a equipe de trabalho, deve manter o nome de todos os ex-funcionários em um banco de dados: e-mail principal, número de telefone, perfil do LinkedIn, endereço do Twitter, URL do blog e outras informações semelhantes.

4. Crie Vínculos entre os Funcionários Atuais e os Ex-Funcionários

Depois que a rede corporativa de ex-funcionários estiver ativa, a troca entre as partes não fluirá automaticamente. Ex-funcionários muito ocupados podem não se lembrar de enviar informações se não receberem algum tipo de lembrete. E os atuais podem não pensar em procurar ex-funcionários para pedirem ajuda na resolução de problemas.

Os gerentes seniores devem estabelecer programas e processos formais para explorar a inteligência de rede dos ex-funcionários antes que sua contribuição seja necessária. Isso pode incluir o estabelecimento de conselhos consultivos formados por ex-funcionários, listas de discussão com tópicos específicos para funcionários atuais e ex-funcionários distintos e a organização de eventos de ex-funcionários regulares, em que eles podem conversar com os executivos atuais da empresa. Essas ferramentas devem ser parte importante do processo de solução de problemas dentro da organização.

A empresa de software de marketing HubSpot é um exemplo de empresa que, de forma consciente, conecta-se e confia em seus ex-funcionários. A rede de ex-funcionários da HubSpot é um grupo informal gerenciado pelos próprios ex-funcionários, mas que mantém um intenso relacionamento com a empresa. "Um membro da equipe executiva participa de todas as reuniões da rede de ex-funcionários", disse o cofundador e CTO da HubSpot, Dharmesh Shah. "Geralmente, ele realiza uma sessão aberta de perguntas e respostas (a que chama de *Ask Me Anything*) de 30 a 40 minutos, em que os ex-funcionários podem perguntar qualquer coisa a respeito da empresa, inclusive: 'O que tira seu sono?'; 'Como está a retenção de clientes da empresa?'" Essas informações são confidenciais e não estão disponíveis ao público em geral.

As empresas também devem envolver seus ex-funcionários na comemoração de grandes conquistas. Quando o LinkedIn realizou sua oferta pública inicial (IPO), Reid se mobilizou especificamente para incluir ex-funcionários na celebração e reconhecer sua contribuição para essa conquista. Ele mandou fabricar diversos bonecos tipo bobblehead personalizados, com base nas fotos dos primeiros apoiadores do LinkedIn — 45 no total — a maioria deles ex-funcionários na época do IPO.

142 A ALIANÇA

COMO CONDUZIR UMA CONVERSA
Conselho para a Gerência

Todo relacionamento saudável começa com o pensamento de que um pode ajudar o outro. Você deve iniciar todas as conversas sobre como pode ser esse relacionamento sob a perspectiva do funcionário.

Há três momentos em que você precisa conversar com seus subordinados diretos sobre a rede de ex-funcionários: durante o processo de contratação, enquanto o funcionário está empregado e quando ele sai da empresa e se torna ex-funcionário. E cada uma dessas conversas será diferente.

USE A REDE DE EX-FUNCIONÁRIOS COMO ARGUMENTO DURANTE O PROCESSO DE CONTRATAÇÃO. Elabore uma combinação de estatísticas e histórias para criar um grande impacto durante o recrutamento. Lembre-se da promessa dos períodos transformadores: um período de trabalho transformará toda a sua carreira, e a rede de ex-funcionários ajudará a garantir o cumprimento dessa promessa. É bom poder citar o tamanho, o alcance e a atividade da rede de ex-funcionários da empresa, mas, para conseguir persuadir de verdade, você deve compartilhar exemplos *pessoais* de como a rede de ex-funcionários de fato o ajudou dentro e fora do trabalho.

DEMONSTRE PARA OS FUNCIONÁRIOS ATUAIS QUE É FÁCIL E ÓBVIO BUSCAR INFORMAÇÕES NA REDE DE EX-FUNCIONÁRIOS. Como a maioria das empresas não tem redes de ex-funcionários oficiais, poucos funcionários terão a experiência de já terem usado uma rede para ajudar em seu trabalho. Como gerente, divulgue sua rede de ex-funcionários aos colegas em reuniões: "Não poderíamos perguntar ao ex-funcionário Fulano, que agora é um dos principais designers de uma agência de publicidade?" Envie perfis do LinkedIn de ex-funcionários extraordinários, para lembrar a seus funcionários atuais que eles podem usar a experiência e o conhecimento dessas pessoas.

REFORCE A NATUREZA DA ALIANÇA PARA A CARREIRA DO FUNCIONÁRIO QUANDO ELE ESTIVER SAINDO. Enfatize na entrevista demissional que, embora a relação de trabalho tenha terminado, a aliança permanecerá ativa, não apenas entre o gerente e o empregado, mas também com a empresa. Apesar das emoções que às vezes envolvem essa conversa, enxergue-a como uma oportunidade. Porque o emprego vitalício pode ter acabado, mas a aliança vitalícia ainda está *presente*.

Mais conteúdo online: Encontre conselhos práticos, amostras de e-mails e casos de estudo reais acessando o site: www.theallianceframework.com/alu mni [conteúdo em inglês]

Conclusão

Reflita novamente sobre a era do emprego vitalício. Embora esse modelo não tivesse a flexibilidade necessária para se adaptar à nossa era das redes, ele incentivou o pensamento no longo prazo. No decorrer das décadas de 1950 e 1960, investimos muito no futuro ao desenvolvermos as tecnologias que impulsionaram a Era da Informação.

A era do trabalho autônomo que surgiu em seguida, na qual ainda vivemos, nos afasta da visão do investimento em longo prazo e do foco míope na gratificação instantânea. Lembre-se: um negócio sem lealdade é um negócio sem pensamento de longo prazo. Uma empresa sem pensamento de longo prazo é uma empresa que não investe no futuro. E uma empresa que não investe nas oportunidades e tecnologias do futuro é uma empresa que já está morrendo.

146 A ALIANÇA

O livro *A Aliança* traz um modelo de trabalho que incentiva empresas e indivíduos a investirem uns nos outros. Imagine um mundo em que gerentes e funcionários podem conversar abertamente sobre seus objetivos e cronogramas; um mundo em que gerentes e membros da equipe definem tarefas que correspondem a seus valores e anseios; e no qual até mesmo os funcionários que decidem trabalhar para outro empregador mantêm um relacionamento contínuo e mutuamente benéfico com a empresa.

É um mundo — e uma cultura de emprego — que já existe no Vale do Silício; esperamos que seus princípios se espalhem para todos os setores em todo o mundo. O investimento mútuo cria um enorme valor para as empresas e para os funcionários. Mesmo que os efeitos da aliança fossem somente esses, seria uma estrutura de agrupamento de talentos que vale a pena adotar.

O impacto da aliança, no entanto, ultrapassa as paredes da empresa.

Aperfeiçoar o microcosmo das relações no local de trabalho — em cada emprego, equipe e empresa — pode ter um grande impacto na sociedade. A aliança pode parecer algo pequeno ao lado de propostas macroeconômicas, como revisar o sistema educacional ou reformar o regime de regulamentação, mas é algo que, na atualidade, todos podemos adotar e que gerará enormes retornos cumulativos nos próximos anos.

Tendências que existem há quase meio século não são facilmente desfeitas. Porém, com o livro *A Aliança*, esperamos fornecer uma estrutura que mude a forma como você, sua equipe, sua empresa e, por fim, toda a nossa economia pensa.

Nós três embarcamos juntos na missão de escrever este livro, pois acreditamos que, quando o talento certo encontra a oportunidade certa em uma empresa com as filosofias certas, podem acontecer transformações surpreendentes.

Chegou sua vez de criar as alianças que transformarão sua empresa e sua carreira.

— Reid, Ben e Chris
Palo Alto, Califórnia

www.theallianceframework.com [conteúdo em inglês]

Apêndice A

Modelo de Declaração de Aliança

Esta declaração de aliança fornece um modelo para você usar quando estiver definindo um período de trabalho transformador com um funcionário. Personalize as políticas e os programas (como o orçamento da rede de contatos) para que a declaração reflita as circunstâncias específicas da empresa e da equipe que você lidera. Ao elaborar a declaração de aliança, você também deve considerar os objetivos individuais de cada funcionário; no entanto, por uma questão de justiça, as mesmas políticas e princípios gerais devem ser aplicados igualmente a todos os membros da equipe.

"Eu" = o gerente

"Nós" = gerente e funcionário

"Nós, a empresa" = a organização

150 A ALIANÇA

Em uma organização maior, a gerência sênior e a gerência do RH da empresa devem trabalhar juntos para personalizar a aliança com base nas necessidades da empresa, permitindo, ainda, aos gerentes individuais adaptar a aliança às suas equipes.

Para baixar a cópia eletrônica desta Declaração de Aliança, acesse o site da Editora Alta Books.

Preâmbulo

- Fico feliz em ter você em minha equipe.

- Considero nosso relacionamento uma aliança mútua, que deve trazer benefícios a nós dois.

- Esta declaração de aliança permite que exponhamos nossas expectativas, para que possamos investir nesse relacionamento e confiar um no outro.

- Quero que você ajude a transformar a empresa.

- Em troca, eu e a empresa vamos ajudá-lo a aumentar seu valor de mercado e a transformar sua carreira (preferencialmente dentro desta organização).

- Embora eu não esteja assumindo o compromisso de lhe oferecer um emprego vitalício e você não esteja se comprometendo em trabalhar nesta empresa por toda sua carreira, agiremos para manter uma aliança de longo prazo, mesmo que o vínculo empregatício termine.

Artigo 1: Seu Período de Trabalho

Princípios

- Seu período de trabalho define o que você fará por mim e pela empresa; também define o que a empresa e eu faremos por sua carreira.

- Embora não exista nenhuma obrigação legal entre nós, e os planos sempre podem mudar, no momento estamos todos comprometidos em concluir esse período de trabalho com base na confiança mútua. Ou seja, se houver progresso em relação às nossas metas, a empresa não o dispensará e você não desejará sair da empresa.

- À medida que aprofundarmos nosso investimento e compromisso mútuos, podemos, algum dia, decidir firmar um compromisso por meio de um período de trabalho fundamental de longo prazo.

Expectativas

- Nós, enquanto empresa, esperamos que o período de trabalho atual envolva o tempo necessário para que você execute o seguinte objetivo da missão:

  _____

- Espero que este período de trabalho dure aproximadamente um total de tempo de: _____

- Estes devem ser os resultados de um período de trabalho bem-sucedido para a empresa (lançamentos de produtos, melhorias de processos, vendas etc.):

- Estes devem ser os resultados de um período de trabalho bem-sucedido para você (conhecimento, habilidades, realizações, reconhecimento etc.):

- À medida que nos aproximarmos do final deste período de trabalho (aproximadamente 12 meses), você e eu deveremos discutir o que você gostaria de fazer quando o período estiver completo, se devemos definir um novo período de trabalho na empresa ou discutir sua transição para uma empresa diferente.

Artigo 2: Alinhamento

Princípios

- Você, eu e a empresa temos anseios e valores essenciais.

- Trabalharemos juntos para alinhar o maior número possível de anseios e valores entre as três partes envolvidas, embora entendamos que não haverá 100% de concordância.

Expectativas

- Apresentarei meus principais anseios e valores e aqueles que acredito serem os principais anseios e valores específicos e inflexíveis da empresa.

- Seus comentários e sugestões sobre esses anseios e valores serão bem-vindos.

- Eu gostaria de saber quais são seus principais anseios e valores, mesmo se diferirem dos meus ou dos da empresa. Eles são: _____

- Trabalharemos juntos para estabelecer expectativas bilaterais para sua trajetória profissional.

- Nós o reconheceremos por suas realizações comerciais e por sua habilidade em representar os anseios e os valores da empresa.

- Se houver lacunas, nós as abordaremos em conversas de forma aberta e proativa, em vez de ignorá-las e deixá-las aumentar e prejudicar nossa aliança.

Artigo 3: Inteligência de Rede

Princípios

- Sua rede profissional é um ativo valioso para você, para sua carreira, para mim e para a empresa.

154 A ALIANÇA

- As pessoas, inclusive aquelas em um ambiente fora de nossa empresa, são uma fonte importante de informações e insights que podem ajudar a solucionar os desafios de negócios.

- A empresa e eu lhe daremos tempo para construir e preparar sua rede; em troca, solicitamos que você a use para nos ajudar a alcançar o objetivo de sua missão e ser bem-sucedido no trabalho.

Expectativas

- Serei claro sobre o que constitui uma informação não pública e uma informação pública, que você pode compartilhar com sua rede.

- Embora isso não seja obrigatório, você deve usar o equipamento da empresa (por exemplo, computador ou smartphone) e o tempo da empresa em suas redes sociais profissionais para se expor e interagir nas mídias sociais como LinkedIn e Twitter.

- Você pode gastar até R$ XX em qualquer inscrição para eventos, associação a conferências ou clubes, desde que acredite que isso o ajudará a construir sua rede profissional. Para quantias maiores, pergunte-me primeiro e tentarei aprovar o maior número possível de solicitações. Você é responsável por compartilhar o que aprendeu comigo e com seus colegas.

Modelo de Declaração de Aliança **155**

- Você pode usar as instalações da empresa para receber grupos e eventos externos.

Artigo 4: A Rede de Ex-funcionários

Princípios

- O emprego vitalício acabou para a maioria de nós. Mas um relacionamento valioso deve ser para o resto da vida.

- Se você sair da empresa, e quando sair, se estiver de acordo, nós o convidaremos para participar de nossa rede corporativa de ex-funcionários.

- A aliança entre a empresa e você como um ex-funcionário continuará seguindo os mesmos princípios: confiança, investimento e benefício mútuos.

- Como funcionário da empresa, sinta-se à vontade para consultar a rede de ex-funcionários para obter ajuda na solução de desafios nos negócios.

Expectativas

- A empresa e eu nos comprometemos a mantê-lo informado e atualizado sobre o que está acontecendo com a empresa, inclusive a respeito de projetos

156 A ALIANÇA

de consultoria ou novas posições que possam lhe interessar.

- Quando a empresa ou eu acharmos que há uma maneira de você nos ajudar, solicitamos que considere nosso pedido, mas você também tem o direito de recusar.

- A empresa concederá ferramentas (como listas de discussão, grupos, redes sociais corporativas) para ajudá-lo a acessar o conhecimento de nossos funcionários e ex-funcionários corporativos.

Apêndice B

Exercício de Alinhamento da Missão: Pessoas que Admiramos

Em nossa conversa sobre alinhamento, escrevemos a respeito da importância de entender os valores dos funcionários e da técnica de perguntar às pessoas sobre quem admiram e por quê. Veja como cada um de nós concluiu esse exercício — as três pessoas que admiramos, as três qualidades que mais admiramos em cada uma delas e uma ordem aproximada de quanto, em geral, estimamos essas qualidades.

158 A ALIANÇA

Reid

1. Martin Luther King Jr.

Um grande herói, cuja visão e coragem permanecem como uma inspiração para todos os estado-unidenses e, inclusive, para o mundo.

- Visão
- Coragem
- Compaixão

2. Marie Curie

Uma heroína da ciência que demonstra que você não precisa liderar uma grande organização para assumir riscos essenciais e inteligentes de modo a abrir caminho às pessoas atrás de você.

- Inteligência
- Pensamento livre
- Dedicação

3. Andrew Carnegie

Empresário da indústria cuja evolução como filantropo deu luz a muitos estudos ao longo das décadas.

- Generosidade
- Liderança
- Empreendedorismo

Classificação das características

1. Compaixão
2. Coragem
3. Dedicação
4. Inteligência

5. Generosidade
6. Visão
7. Liderança
8. Empreendedorismo
9. Pensamento livre

Chris

1. Abraham Lincoln

O maior estado-unidense de todos os tempos. Ele enfrentou um desafio maior do que qualquer outro presidente e conseguiu unir o país.

- Compaixão
- Pensamento voltado para as outras pessoas
- Narrativa

2. Fred Rogers

Ele pode muito bem ter sido o homem mais legal de todos os tempos e impactado a vida de milhões de crianças.

- Aceitação
- Autenticidade
- Bondade

3. David Packard

Fundador da Hewlett-Packard, um dos padrinhos do Vale do Silício e um dos maiores gerentes de todos os tempos.

- Iniciativa
- Confiança
- Generosidade

Ranking das características

1. Autenticidade
2. Pensamento voltado para as outras pessoas
3. Iniciativa
4. Confiança
5. Aceitação
6. Bondade
7. Compaixão
8. Generosidade
9. Narrativa

Ben

1. Benjamin Franklin

Inventor incansável, cofundador dos Estados Unidos, um diplomata competente.

- Autoaperfeiçoamento
- Empreendedorismo
- Internacionalismo

2. David Foster Wallace

Escritor com incomparável habilidade de explicar a natureza humana e o mundo moderno.

- Curiosidade
- Humor
- Intensidade

3. Siddhartha Gautama (o Buda)

Líder espiritual cujos ensinamentos sobre o significado da vida mudaram o mundo.

- Equanimidade
- Paz
- Disciplina

Ranking das características

1. Curiosidade
2. Humor
3. Paz
4. Empreendedorismo
5. Disciplina
6. Intensidade
7. Autoaperfeiçoamento
8. Equanimidade
9. Internacionalismo

Apêndice C

Fundando Sua Própria Empresa

Durante a escrita deste livro, encontramos diversos tópicos que achamos fascinantes, mas que simplesmente não conseguimos encaixar aqui. Por exemplo, ao pesquisarmos sobre a definição de políticas voltadas para a inteligência das redes sociais, realmente gostaríamos de ter explorado o tópico com mais detalhes.

Quando mostramos alguns rascunhos sobre o livro aos grandes gerentes que conhecemos, eles nos fizeram perguntas perspicazes e apresentaram questões práticas que nos ajudaram a melhorar nossos argumentos e conselhos. Agora que o livro está disponível ao público, esperamos que você, leitor, apresente suas perguntas e sugestões de melhoria. Talvez seu setor tenha uma dinâmica peculiar e você queira saber como

164 A ALIANÇA

a aliança precisa se ajustar a essa dinâmica. Talvez exista uma variação na estrutura do período de trabalho que funcione melhor em sua empresa.

Por isso, criamos o site TheAllianceFramework.com [conteúdo em inglês]. Esse site e o grupo do LinkedIn direcionado a ele atuarão como uma central de recebimento de conteúdo adicional, avaliações interativas e, até mesmo, planilhas práticas e guias de treinamento para expandir nosso entendimento coletivo sobre o que representa a aliança.

Você também pode encontrar informações sobre palestras, sessões de treinamento e webinars.

Convidamos você a se juntar a nós no TheAllianceFramework.com, para nos ajudar a explorar esses problemas e trazer a aliança para dentro de sua organização.

Notas

Capítulo 1

1. Acesse: https://www.nytimes.com/2001/04/08/business/off-the-shelf-after-the-downsizing-a-downward-spiral.html.

2. HAGEL III, John; BROWN, John Seely; DAVIDSON, Lang. *The Power of Pull: How Small Moves, Smartly Made, Can Set Big Things in Motion.* (Nova York: Basic Books, 2010.) p. 12.

3. MEYERSON, Harold. "The 40-Year Slump: The State of Work in the Age of Anxiety", *The American Prospect*, 12 de novembro de 2013. Disponível em: https://prospect.org/power/40-year-slump/.

4. Ibid.

5. TOWERS Watson 2012 Global Workforce Study. *Engagement at Risk: Driving Strong Performance in a Volatile Global Environment*, julho de 2012. Disponível em: http://www.towerswatson.com/en-AE/Insights/IC-Types/Survey-Research-Results/2012/07/2012Towers-Watson-Global-Workforce-Study.

6. ADAMS, Susan. "Trust in Business Falls Off a Cliff", *Forbes*, 2012. Disponível em: https://www.forbes.com/sites/susanadams/2012/06/13/trust-in-business-falls-off-a-cliff/#3149f40d20ce.

7. HASTINGS, Reed. "Netflix Culture: Freedom & Responsibility", 1 de agosto de 2009, apresentação de Slide Share. Disponível em: http://www.slide-share.net/reed2001/culture-1798664.

8. "Pixar Total Grosses", *Box Office Mojo*. Disponível em: http://boxoffice-mojo.com/franchises/chart/?id=pixar.htm.

9. LAZARUS, David. "A Deal Bound to Happen", *SF Gate*, 25 de janeiro de 2006. Disponível em: https://www.sfgate.com/business/article/A-deal-bou-nd-to-happen-2505936.php.

10. CLARK, Jack. "How Amazon Exposed Its Guts: The History of AWS's EC2", *ZDNet*, 7 de junho de 2012. Disponível em: https://www.zdnet.com/article/how-amazon-exposed-its-guts-the-history-of-awss-ec2/.

11. DIGNAN, Larry. "Amazon's AWS: $3.8 Billion Revenue in 2013, Says Analyst", *ZDNet*, 7 de janeiro de 2013. Disponível em: https://www.zdnet.com/article/amazons-aws-3-8-billion-revenue-in-2013-says-analyst/.

Capítulo 2

1. "People Operation Rotational Program", disponível em: https://www.google.com/about/jobs/search/#!t=jo&jid=3430003.

Notas 167

2. "Careers at Facebook: Product Manager Rotational Program", disponível em: https://www.facebook.com/careers/department?dept=product-management&req=a0IA000000CwBjlMAF.

3. SILVERMAN, Rachel Emma; WEBER, Lauren. "An Inside Job: More Firms Opt to Recruit from Within", *Wall Street Journal*, 29 de maio de 2012. Disponível em: https://www.wsj.com/articles/SB10001424052702303395604577434563715828218.

4. HOFFMAN, Reid. "If, Why, and How Founders Should Hire a 'Professional'", *CEO*, 21 de janeiro de 2013. Disponível em: https://www.linkedin.com/pulse/20130123161202-1213-if-why-and-how-founders-should-hire-a-professional-ceo.

5. "Rich Corporate Culture at McDonald's Is Built on Collaboration", *Financial Post*, 21 de janeiro de 2013. Disponível em: https://financialpost.com/uncategorized/rich-corporate-culture-at-mcdonalds-is-built-on-collaboration.

6. BHASIN,Kim. "Jeff Bezos Talks About His Old Job at McDonald's, Where He Had to Clean Gallons of Ketchup off the Floor", *Business Insider*, 23 de julho de 2012. Disponível em: https://www.businessinsider.com/jeff-bezos-reflects-on-his-old-job-at-mcdonalds-2012-7.

7. FULTON, Anne. "Career Agility: The New Employer-Employee Bargain", post no blog, 21 de março de 2013. Disponível em http://www.careerengagement-group.com/blog/2013/03/21/career-agility-the-new-employer-employee-bargain/.

8. PFEFFER, Jeffrey. "Business and the Spirit: Management Practices That Sustain Values", Stanford University Graduate School of Business Research

Paper Series, nº 1713, out. 2001. Disponível em: https://www.gsb.stanford.edu/faculty-research/faculty/jeffrey-pfeffer.

Capítulo 3

1. HANSON, Dallas; O'DONOHUE, Wayne. "William Whyte's 'The Organization Man': A Flawed Central Concept but a Prescient Narrative", 21 de setembro de 2009. Disponível em: https://research-repository.griffith.edu.au/bitstream/handle/10072/36379/68117_1.pdf;jsessionid=17A802159%2086F988028592EC7D30739DE?sequenc%25252520=1.

2. BELL, John. "Why Mission Statements Suck", 13 de junho de 2011. Disponível em: https://www.ceoafterlife.com/leadership/why-mission-statements-suck/.

3. LAUBY, Sharlyn. "Company Values Create the Foundation for Employee Engagement", *HR Bartender* (blog), 2012. Disponível em: https://www.hrbartender.com/2012/employee-engagement/company-values-create-the-foundation-for-employee-engagement/.

4. BRYANT, Adam. "Neil Blumenthal of Warby Parker on a Culture of Communication", *New York Times*, 24 de outubro de 2013. Disponível em: https://www.nytimes.com/2013/10/25/business/neil-blumenthal-of-warby--parker-on-a-culture-of-communication.html.

5. Acesse: http://en.wikiquote.org/wiki/Theodore_Roosevelt.

6. "The Importance of Connecting with Colleagues", *Bloomberg Business Week*, 10 de junho de 2010. Disponível em: https://www.bloomberg.com/news/articles/2010-06-10/the-importance-of-connecting-with-colleagues.

Capítulo 5

1. GATES, Bill. *Business @ the Speed of Thought: Using a Digital Nervous System.* (Nova York: Warner Books, 1999.) p. 3.

2. ANCONA, Deborah; BRESMAN, Henrik; CALDWELL, David. "The X-Factor: Six Steps to Leading High-Performing Teams", *Organizational Dynamics* 38, nº 3, 2009, p. 217–224.

Capítulo 7

1. LAUFER, Joe. "Corporate Alumni Programmes: What Universities Can Learn from the Business Experience", 5 de novembro de 2009, apresentação de Slide Share. Disponível em: http://www.slideshare.net/joeinholland/what-universities-can-learn-from-corporate-alumniprograms#btnNext.

2. GLAZER, Emily. "Leave the Company, but Stay in Touch", *Wall Street Journal*, 20 de dezembro de 2012. Disponível em: https://blogs.wsj.com/atwork/2012/12/20/leave-the-company-but-stay-in-touch/.

3. Acesse o site da McKinsey & Company para mais informações sobre seu programa de ex-funcionários: http://www.mckinsey.com/alumni.

4. Acesse o site da Chevron Alumni para mais informações: http://alumni.chevron.com/chevron-careers/chevron-bridgescontract-positions.html.

170 A ALIANÇA

5. Conforme mencionado na página "McKinsey & Company: A Community for Life". Disponível em: http://www.mckinsey.com/careers/a_place_to_grow/a_community_for_life.

6. Para ver quem são os membros oficiais da Rede de Ex-funcionários da Accenture, acesse: http://www.linkedin.com/groups/Official-Accenture-Alumni-Network82182/about.

Capítulo 8

1. Os benefícios da associação à Rede de Ex-funcionários da Microsoft e da Fundação de Ex-funcionários da Microsoft estão explicados no site: https://www.microsoftalumni.com/s/1769/19/home.aspx?gid=2&pgid=61.

Índice

A

Acesso a dados ocultos 98–101

Aliança de emprego 13, 18, 133, 137

Alinhamento de valores 57–72

Análise de desempenho 78–83

Anseios e valores do trabalhador 61–63

Ask Me Anything 141–144

B

Baixo desempenho 86–91

Benefícios da rede de ex-funcionários 137–139
  bônus por indicação 137–142
  descontos 137–141
  eventos 138–141
  informação 139–142
  reconhecimento oficial 138–142

Boas referências 84–89

Business to business (B2B) 127–131

Business to consumer (B2C) 127–132

C

Capitalista de risco 51–54

Classe média corporativa 42–47

Comece por você 110–114

Construção do alinhamento 60–66

Crescimento mútuo 8–13

Criação de vínculos 140–144

Cultura da empresa 69–72

D

Declaração de aliança 90, 149–156

Desafio contínuos 45–50

Desenvolvimento profissional 45–50

Desequilíbro de poder 88–92

Direito à Primeira Conversa 44, 82

E

Emprego sem vínculos 6, 10

Emprego vitalício 23, 35, 55, 89, 120, 155

172 A ALIANÇA

Equipes adaptáveis 40–45

Era da Informação 145–150

Era do trabalho autônomo 145–149

Estilo de gestão 27–32

Estrutura organizacional 33–38

Ex-funcionários nas redes sociais
127–131

F

Fluxos de receita 67–72

Força empreendedora 48–53

Funcionários de alto potencial
81–86, 96–100

Funcionários empreendedores 13,
24–28

Funções personalizadas 41–46

Fundamentos da aliança 116–118

Fundo para pessoas interessantes
110–115
fundo de rede 110–114

G

Gerenciamento de talentos 25–30

Gerentes de contas 48–52

H

Habilidade em desenvolver talentos
26–31

Honestidade 26–30

Horário de trabalho flexível 57–62

HubSpot 110–114

I

Indicação de clientes 127–132

Índice de satisfação do funcionário
27–32

Informações competitivas 126–132

Informações não públicas 105–109

Inteligência de rede 95–102,
116–118
implementação 103–118
recrutamento de pessoas 96–100

Investimento bilaterais 23–28,
146–151

Investir em si mesmo 43–50

L

LearnIn 115–118

Lei contratual 89–92

Liderança de pensamento 109–113

LinkedIn e a inteligência de rede
114–116

Lista de verificação de transição
82–87

M

Marca pessoal 24–31, 77, 109

Memória institucional 33–39

Mentalidade de fundador 13, 15, 17, 38

Missão e valores da empresa 60–62

Mobilidade interna 31–36

Modelo de comportamento 114–118

Mudança de função 87–92

N

Neil Blumenthal
  Warby Parker 64–69

Netflix 9, 109

Nível de alinhamento 58–63

Novo gerente 85–90

O

Objetivos financeiros 66–72

Opções fora da empresa 44–50

Oportunidades econômicas 67–72

Orçamento da rede de contatos 149–154

P

Pensamento de longo prazo 145–150

Períodos de trabalho 28, 74
  acompanhamento 29, 80
  fundamental 32–35
  rotativo 28–30
  transformador 30–32

Persuasão moral 89–92

Planejamento de um novo período de trabalho 79–84

Plano de Transformação 77–82
  Big T 77–82
  small t 77–81

Planos de carreira 41–47

Prevenção contra fraudes 100–102

Progressão de carreira 32–37

R

Recrutamento de pessoas 96–101

Rede de contatos 104–109
  força da rede 104–108

Rede de ex-funcionários 84, 129, 142, 155
  e contratação 124–126
  em empresas de serviços 123–128
  funcionários bumerangue 124–128
  investimentos 128–130
  na universidade 122–126

Relacionamento de confiança 69–72

Relacionamento vitalício 139–144

ROI 122–126

Rompimento de um período de trabalho 83–89

S

Saída planejada 82–87

Serendipidade 100–102

174 A ALIANÇA

Sistema de pontos de verificação 78–83

Soluções de talentos 48–53

Sucesso no período de trabalho 77–82

T

Talentos empreendedores 27, 43, 50, 109

Tecnologias do futuro 145–150

Tendências emergentes 126–132

Transições planejadas 44–50
transição de funcionários 83–88

U

Unidade de negócios 61–66

UPS 29–33

V

Vale do Silício 28, 66, 97, 146

Valor bidirecional 121–127

Valores e anseios 56, 63, 69

Vantagens competitivas 98–102

W

Warby Parker 64–68

Wells Fargo 98–102

WhatsApp 126–130

Whole Foods 33–37

Y

Yammer 119–123

Yelp 119–124

YouTube 119–122

Projetos corporativos e edições personalizadas
dentro da sua estratégia de negócio. Já pensou nisso?

Coordenação de Eventos
Viviane Paiva
viviane@altabooks.com.br

Assistente Comercial
Fillipe Amorim
vendas.corporativas@altabooks.com.br

A Alta Books tem criado experiências incríveis no meio corporativo. Com a crescente implementação da educação corporativa nas empresas, o livro entra como uma importante fonte de conhecimento. Com atendimento personalizado, conseguimos identificar as principais necessidades, e criar uma seleção de livros que podem ser utilizados de diversas maneiras, como por exemplo, para fortalecer relacionamento com suas equipes/ seus clientes. Você já utilizou o livro para alguma ação estratégica na sua empresa?

Entre em contato com nosso time para entender melhor as possibilidades de personalização e incentivo ao desenvolvimento pessoal e profissional.

PUBLIQUE
SEU LIVRO

Publique seu livro com a Alta Books. Para mais informações envie um e-mail para: autoria@altabooks.com.br

 /altabooks   /alta-books   /altabooks   /altabooks   /altabooks

CONHEÇA OUTROS LIVROS DA **ALTA BOOKS**

Todas as imagens são meramente ilustrativas.

Este livro foi impresso nas oficinas gráficas da Editora Vozes Ltda.,
Rua Frei Luís, 100 – Petrópolis, RJ.